RECRIE

n. 2 • out/2012

Revista de Ensaios dos Cursos de Relações Internacionais e Economia

Organizadores
Adílson Alves & Marcelo Buzetto

RECRIE - Revista de Ensaios dos Cursos de Relações Internacionais e Economia é uma publicação periódica, dos Cursos de Relações Internacionais e Economia do Centro Universitário Fundação Santo André, vinculada à Pró-Reitoria de Pós-Graduação, Pesquisa e Extensão.

Recrie - Revista de Ensaios dos cursos de Relações Internacionais e Economia / Centro Universitário Fundação Santo André; organização de Adilson Alves e Marcelo Buzetto. - ano 2, n.2 (out. 2012). - Santo André: CUFSA; São Paulo: Porto de Idéias, 2012.

Periodicidade: Anual.

ISSN 2179-6327

1. Economia - periódicos 2. Relações internacionais- periódicos I. Centro Universitário Fundação Santo André II. Adilson Alves e Marcelo Buzetto (org.)

CDD - 330

CUFSA - Centro Universitário Fundação Santo André
PROPPEX - Pró-Reitoria de Pós-Graduação, Pesquisa e Extensão
Av. Príncipe de Gales, 821 - Bairro Príncipe de Gales
Santo André - SP - 09060.650
Fax (11) 4979-3428
recrie@fsa.br

Editora Porto de Idéias
Rua Perdões, 101 - Aclimação
São Paulo - SP - 01529.030
Fone (11) 3884-3814
portodeideias@portodeideias.com.br
www.portodeideias.com.br
twitter.com/portodeideias

EDITORIAL

A Revista RECRIE conta com o apoio da Reitoria do Centro Universitário Fundação Santo André - CUFSA, que objetiva, por meio desta publicação, informar a comunidade acadêmica sobre os trabalhos científicos desenvolvidos.

A Pró-Reitoria de Pós-Graduação, Pesquisa e Extensão saúda o corpo docente e discente pela edição da Revista RECRIE. A concretização da revista é uma conquista do envolvimento dos vários grupos (docentes, discentes, funcionários e administração). É com esse espírito que esperamos que esta publicação venha a engrandecer as atividades de nossa Instituição.

Desejamos a todos uma ótima leitura e que este segundo número impresso, continue favorecendo o diálogo permanente com a comunidade, refletindo em benefício a todos.

Profa. Dra. Márcia Zorello Laporta
Pró-Reitora de Pós-Graduação, Pesquisa e Extensão.

AGRADECIMENTOS

Para esse trabalho contamos com a colaboração de vários profissionais, aos quais deixamos nossos sinceros agradecimentos:

Aos professores Ivan Prado Silva, Fabiana Rita Dessotti, Vladimir Sipriano Camilo, Sérgio Godoy e Jean Tible.

A Triana Tranjan Thon pela elaboração e/ou correção dos "abstracts".

Ao professor Luiz Carlos Barbosa de Lima, presidente da Associação dos Docentes da CUFSA, pelo apoio e colaboração.

A todos que contribuíram, direta ou indiretamente, para a publicação da RECRIE.

APRESENTAÇÃO

Chega às mãos da comunidade acadêmica mais um número da revista RECRIE com o desafio de estimular a reflexão sobre temas contemporâneos relacionados à economia, política e relações internacionais.

Em um mundo marcado profundamente pela crise do capital e do capitalismo, quando muitas vezes as alternativas se encontram distantes, a RECRIE se torna um espaço para a divulgação da pesquisa e da análise crítica de problemas e situações de conflito presentes na atualidade. E, sempre com textos que buscam identificar as causas de inúmeras transformações geopolíticas, econômicas e sociais, bem como apresentar algumas sugestões sobre o que fazer diante de uma conjuntura nacional, regional e internacional tão complexa e cheia de contradições.

A RECRIE chega ao seu segundo número impresso, devido ao esforço e dedicação de professores e estudantes que acreditam que é necessário estimular a pesquisa e produzir um conhecimento cientifico que cumpra uma função social, pois o conhecimento deve ser um instrumento das lutas por transformações sociais. Ou seja, compreender profundamente a realidade tendo como objetivo transformá-la, e ver na teoria uma ferramenta fundamental na construção de uma sociedade mais justa, mais democrática, verdadeiramente humana.

A RECRIE existe com esse compromisso teórico, acadêmico e sociocomunitário, de ser um espaço para o debate de ideias e apresentação de análises numa perspectiva humanista e progressista.

Pensando em fortalecer as diversas iniciativas de estímulo à pesquisa, uma de nossas preocupações centrais é como contribuir para melhorar a qualidade de ensino de nosso Centro Universitário Fundação Santo André CUFSA. Patrimônio histórico-cultural de nossa região, o CUFSA vive um momento em que precisamos de ações concretas no sentido de apontar caminhos e rumos, aproveitando o potencial que temos e lutando cotidianamente contra todas as adversidades.

Que a RECRIE possa se transformar em parte desse processo de fortalecimento do caráter público do CUFSA, pois, como disse José Martí: "Conhecer é resolver!". Portanto, para nós, o conhecimento deve contribuir para a resolução dos problemas humanos e para a criação de condições de vida e de trabalho mais dignas para toda a sociedade.

Leia, estude e divulgue a RECRIE!

Adilson Alves & Marcelo Buzetto

SUMÁRIO

Artigos

Entrevista

A RECENTE NEGOCIAÇÃO DIPLOMÁTICA ENTRE BRASIL E PARAGUAI EM TORNO DOS BENEFÍCIOS DA USINA DE ITAIPU E SUAS IMPLICAÇÕES NO CONE SUL

WILSON MORETTI MENCARONI*

* Pós-graduando em Gestão de Negócios Internacionais pela *Business School* São Paulo. Bacharel em Relações Internacionais pelo Centro Universitário Santo André, 2010.

Resumo

Este artigo tem a proposta de analisar as relações diplomáticas que envolvem Brasil e Paraguai, partes contratantes do Tratado de Itaipu, pautadas no contencioso em torno da revisão deste tratado e suas implicações no Cone Sul. Para isso, o autor trata de uma sucinta introdução sobre a região do conflito, os fatos precedentes e relevantes do Tratado de Itaipu até a própria assinatura do mesmo, um breve relato dos cenários político-econômicos da época em que fora assinado o acordo e o cenário atual, e, por fim, delineia e caracteriza os rumos da negociação. Após o desenvolvimento da pesquisa, o autor aponta a melhor alternativa para a resolução do problema sem que haja quaisquer tipos de prejuízos.

Palavras-chaves

Diplomacia, Soberania Energética, Tratado de Itaipu, Política Externa, Negociação Internacional.

Abstract

This article has the proposal of analyze diplomatic relations between Brazil and Paraguay both countries take parties in Itaipu Treaty agendas of revision around this treaty and its implication in Southern Cone. The author deal with introduce about the conflict region, the facts precedents and relevant Itaipu Treaty, until the signature, a brief report of the political - economics scenery when was signed the treaty and the recent scenery, finally describe the negotiations. Before the developments research, the author aim the best alternative for any kind impairments.

Keywords

Diplomatic, Energetic Sovereignty, Itaipu Treaty, Foreign Policy, International Negotiation.

Introdução

Apesar de ser considerada a usina hidrelétrica de maior potência do mundo, tendo um recorde histórico de produção de energia de 94.684.781 MWh em 2008, atualmente a Usina de Itaipu ficou em evidência no cenário internacional por ser alvo de críticas e especulações concernentes à sua constituição e natureza.

Em abril de 2008, portanto no ano do recorde histórico supracitado, a eleição do presidente Fernando Lugo estabeleceu, como um de seus pilares, a luta pela soberania, tendo como desafio maior renegociar os atuais acordos considerados por ele injustos para o Paraguai, como o Tratado de Itaipu. A reivindicação se apoia, dentre outros fatores que serão abordados no decorrer deste artigo, na recuperação da "soberania energética", ou seja, a livre decisão de alocar a fatia da energia que lhe é de direito para fins pertinentes, incluindo o direito de exportá-la a terceiros (sem o lastro bilateral) e a obtenção de um benefício "justo", de acordo com o preço de mercado final - já que a energia hidrelétrica é a principal fonte de renda paraguaia - visando criar um ambiente favorável à produção e à equidade social, aspectos estes que fazem parte da proposta de revisão.

Visto o quadro político descrito, o objetivo deste artigo é fazer uma análise das (re)negociações das partes envolvidas e visualizar o cenário latino-americano através de uma perspectiva histórica e atual, sem perder de vista o relacionamento estabelecido juridicamente e a implicação das atitudes pautadas nos interesses econômicos, bem como os caminhos diplomáticos tomados por cada parte para alcançar os mesmos.

Finalmente, o autor faz suas considerações finais acerca do ambiente em que o andamento da negociação dos acordos paralelos ao Tratado de Itaipu se insere e como este relacionamento político influencia a região, o bloco econômico ao qual Brasil e Paraguai pertencem, além de analisar os panoramas interno e externo de ambas as partes. Com isso, ainda se pretende estabelecer um possível cenário diante deste contexto pautado no conhecimento adquirido da área de relações internacionais.

A Assinatura do Tratado de Itaipu

O Tratado de Itaipu: Aspectos Relevantes

Em 26 de abril de 1973, o então presidente do Brasil Emílio Garrastazu Médici e o general Alfredo Stroessner, presidente do Paraguai, assinaram o *Tratado de Itaipu*, cujo objetivo era aproveitar o potencial hidrelétrico advindos do Rio Paraná em comunidade entre duas partes contratantes, além de delimitar os direitos e obrigações de Brasil e Paraguai, vinculados ao documento oficial e seus três anexos. Deste modo, é criada uma

> entidade binacional denominada ITAIPU, empresa juridicamente internacional, constituída em uma pessoa jurídica emergente no campo do direito internacional público, por ser decorrente de um Tratado, com finalidade especificamente industrial, como concessionária de serviço público internacional, comum a dois Estados. (BIANCHI, 2005, p. 81)

Quanto à constituição de Itaipu, o primeiro parágrafo do Artigo III estabelece que "A ITAIPU será constituída pela

ELETROBRÁS e pela ANDE, com *igual participação no capital* [grifo nosso]" e "reger-se-á pelas normas estabelecidas no presente Tratado, no Estatuto que constitui seu Anexo A e nos demais Anexos". Ainda com relação ao Artigo III, o parágrafo segundo assegura que o Estatuto e os demais Anexos podem ser modificados, desde que de "*comum acordo pelos dois Governos* [grifo nosso]" (BRASIL; PARAGUAI, 1973, p. 2). Este tem a função de afirmar a flexibilidade do tratado contanto que haja consenso entre as partes contratantes, o que advém de uma análise conjuntural e um detalhado processo de negociação. O parágrafo único deste artigo, por sua vez, define que as "Altas Partes Contratantes se comprometem a adquirir, conjunta ou separadamente na forma que acordarem, o *total* da potência instalada [grifo nosso]" (BRASIL; PARAGUAI, 1973, p. 5). Ainda está previsto que o excesso de energia gerada deve ser comercializado exclusivamente com a outra parte contratante.

O Tratado de Itaipu teve fundamental importância para o crescimento econômico latino-americano, bem como o surgimento do bloco econômico da região, por se tratar de um empreendimento bilateral, e o inquestionável avanço no processo de integração. De forma bastante sucinta, Betiol (2008) relata as principais características deste documento bilateral, bem como deixa claro os objetivos das duas partes.

> O Tratado de Itaipu [...] ressalta o *interesse comum* em realizar o aproveitamento hidrelétrico dos recursos hídricos do rio Paraná, *pertencentes em condomínio* aos dois países; reafirma que a energia eventualmente produzida será *dividida em partes iguais* conforme o disposto na Ata de Iguaçu, de 22 de junho de 1966; relembra a tradicional identidade de posições dos dois países em relação à *livre navegação dos rios internacionais da bacia do Prata;* [...]. (BETIOL, 2008, p. 82)

Com relação ao direito de preferência assegurado pelo tratado, pode-se dizer que as partes chegaram à questão da política de excedente de energia produzida pela usina de Itaipu como um dos elementos fundamentais do mesmo, ao estabelecer que a parcela de energia gerada e não consumida pelo país que lhe tem o direito, deveria ser vendida ao outro país a preço de custo (direito de preferência). Por fim, mas não menos importante, há de se ressaltar que o tratado toma os devidos cuidados para não invadir a liberdade e a soberania dos países envolvidos, tendo em vista que um dos fatores propulsores para a sua assinatura foi a resolução do impasse de fronteiras.

A Itaipu Binacional

Itaipu Binacional, empreendimento hidrelétrico localizado no Rio Paraná entre Foz do Iguaçu (Brasil) e Cidade do Leste (Paraguai), foi originada e é regida por um instrumento do Direito Internacional Público chamado Tratado de Itaipu assinado pelos representantes do poder Executivo de Brasil e Paraguai em meados da década de 1970, como já fora exposto anteriormente. É importante destacar, no entanto, que, segundo as palavras de Betiol (2008), este mesmo tratado "estabelece um compromisso entre os respectivos Estados, e *não simplesmente entre os governos* [grifo nosso]" (BETIOL, 2008, p. 254).

Segundo Betiol (2008), os Estados

> agem por intermédio de dois organismos pertencentes à administração indireta no capital de Itaipu. Trata-se de duas empresas de caráter público: do lado brasileiro, a Centrais Elétricas Brasileiras S.A. (Eletrobrás), uma sociedade de economia mista, e, do lado paraguaio, a Administración Nacional de Eletricidad (Ande), uma entidade autárquica. [...] [Em suma,] os verdadeiros

> membros de Itaipu são os Estados, que agem por meio de organismos de suas administrações, das quais fazem parte a Eletrobrás e a Ande. (BETIOL, 2008, p. 195)

Atualmente Itaipu é a maior hidrelétrica em potência no mundo[1]: dispõe de 20 unidades geradoras e uma potência instalada de 14.000 MW, dos quais são divididos em partes iguais entre Brasil e Paraguai[2]. É responsável pelo abastecimento de 16,4% do total da demanda de energia consumida no Brasil e 71,3% do consumo no Paraguai . Fechou o ano de 2009 atingindo a marca da quarta maior produção anual de energia em seus 25 anos de geração: 91.651.808 megawatts-hora (MWh).

O valor de mercado dessa energia elétrica, por sua vez, é superior a 4 bilhões US$/ano, aproximadamente 2/3 (US$ 5 bilhões) do Produto Interno Bruto (PIB) do Paraguai, o qual exporta 39 milhões MWh/ano para o Brasil. O Paraguai utiliza apenas 5%, o bastante para fornecer aproximadamente 95% da utilização de energia do país, do total de 50% que lhe cabe e comercializa com o Brasil os 45% restantes, que paga por esta energia algo entre 250 e 300 milhões de dólares/ano (hoje a remuneração pela cessão de energia está em torno de US$ 40 o MW/h, sendo que o preço do mercado de fornecimento de energia elétrica é atualmente US$ 81 MW/h).

---

1 Por conta de sua hidrologia favorável, Itaipu conta com um melhor desempenho em geração de energia que a Usina Hidrelétrica de Três Gargantas, na China.

2 ITAIPU BINACIONAL. *Geração*. Disponível em: http://www.itaipu.gov.br/index.php?q=node/157&foto=geracao.jpg. Acesso em: 14 nov. 2011.

Alfredo Stroessner e os Militares Brasileiros

A Orientação da Política Externa

Mario Gibson Barboza (1992) descreve bem o cenário político da época no que diz respeito ao relacionamento entre Brasil e Paraguai logo quando assumiu a Embaixada em Assunção. Para ele, em novembro de 1966, a necessidade primordial era encontrar uma solução diplomática do litígio no que dizia respeito à fronteira entre os dois países. A solução proposta por Gibson Barboza, portanto, foi pautada no aproveitamento mútuo do potencial hidrelétrico do rio Paraná (BARBOZA, 1992, p. 89). Dentre os motivos que impulsionaram a construção de Itaipu e o início da cooperação brasileiro-paraguaia estão argumentos de ordem econômica, em sua essência, seja para a independência econômica ou financeira para ambas as partes.

Concomitantemente, o Paraguai vivia um período de ditadura do general Alfredo Stroessner (1954-1989) com características bastante semelhantes às brasileiras. Stroessner foi um dos ditadores latino-americanos e seu regime era "amplamente protegido dos olhares inquisidores pela sua inacessibilidade e pela polícia secreta" (GOTT, 2008, p. 9). A energia hidrelétrica paraguaia para o general era vista como a "principal fonte de desenvolvimento do país" (CANESE, 2008, p. 23), guiando assim os esforços da política externa do país com a finalidade de transformar a energia gerada em impulso para o crescimento. Portanto, o Paraguai se via diretamente pressionado por suas condições políticas e econômicas a assinar o tratado que estabelecia a cooperação energética com o Brasil, apesar de algumas linhas internas de oposição vindas, principalmente, da opinião pública.

Entrave com a Argentina

Construir a barragem da usina de Itaipu representou, à época, uma "reação de repúdio e de desconfiança por parte da Argentina" (CAUBET, 1989, p. 34), já que o governo acreditava que o empreendimento localizado no Rio Paraná prejudicaria o próprio aproveitamento argentino das águas deste rio. Um dos termos mais discutidos e que marcaram as relações internacionais entre Brasil, Argentina e Paraguai a respeito do aproveitamento hidrelétrico foi o da *consulta prévia*, que consistia, como seu próprio nome já diz, na antecipação e exposição das intenções de cada país antes de concretizá-las para que assim as futuras divergências fossem evitadas. Segundo o relato de Barboza (1992), "nós [brasileiros] e os paraguaios nada poderíamos fazer sem primeiro consultar os argentinos" (BARBOZA, 1992, p. 109).

Relações entre Argentina e Brasil tornaram-se delicadas dada a notável divergência de opiniões e a irredutibilidade de ambos os governos para que se pudesse ser encontrado um caminho de solução deste impasse. O real propósito argentino na problemática da construção de Itaipu era outro, de acordo com o que defendia Mario Gibson Barboza (1992). Para o governo da Casa Rosada, a construção do empreendimento binacional impulsionaria a vantagem geopolítica brasileira sobre a argentina e agravaria a situação político-econômica da última. O Ministro das Relações Exteriores da Argentina, Luis Maria de Pablo Pardo, disse ao nosso Chanceler que o que os argentinos queriam mesmo era evitar a construção da Usina de Itaipu juntamente com o Paraguai.

A Política Pendular de Stroessner

Alfredo Stroessner teve sua política exterior marcada por uma orientação de caráter "pendular", ou seja, distinta pelo alinhamento com um dos países latino-americanos de acordo com os interesses paraguaios do momento e a situação. Esta política pendular caracteriza-se, basicamente, em não restringir a área política de atuação de um país e não alinhá-lo aos interesses dos demais. Desta forma, é aplicada uma forma de independência, diminuindo os riscos de prejuízos sensíveis caso a única estratégia falhe. No caso paraguaio, "para manter sua independência com respeito à Argentina e ao Brasil, o Paraguai esforçou-se tradicionalmente para aproveitar da rivalidade entre eles" (CAUBET, 1989, p. 138).

A prática da política pendular pode ser classificada como uma "necessidade vital" da preservação dos interesses nacionais paraguaios, bem como a utilização desta estratégia tinha como princípio o êxito em suas políticas por meio de seu corpo diplomático. Segundo as palavras de Caubet (1989),

> Uma hábil diplomacia, por outro lado, permitiu-lhe [ao Paraguai] preservar seus interesses essenciais. Já pudemos constatá-lo estudando o litígio territorial [...] que o opôs ao Brasil, e permitiu-lhe legitimar sua participação nos benefícios de Itaipu. (CAUBET, 1989, p. 141)

Luiz Inácio Lula da Silva e Fernando Armindo Lugo de Méndez

Decorridos 37 anos da assinatura do Tratado de Itaipu, os países latino-americanos passaram a não viver mais sob regimes ditatoriais e as economias dos países emergentes se fortaleceram de forma que a autonomia fosse conquistada (ou pelo menos parte dela). Sendo mais específico, os postos dos governos nacionais da América do Sul foram, gradativamente, ocupados por lideranças políticas democráticas. No final do século XX, houve a ascensão de governos de orientação esquerdista, iniciando um processo que alguns especialistas chamam de "nova esquerda" latino-americana. Este rótulo se faz presente por conta do perfil da liderança dos atuais presidentes da região, associando o crescimento econômico com o oferecimento de melhores condições de vida para a sociedade.

Do ponto de vista econômico, alguns destes países ganharam maior projeção e uma posição de destaque no cenário internacional, seja pela sua representatividade para os demais países - por conta da oferta de *commodities* e parcela de transações comerciais com países desenvolvidos - ou pela sua posição estratégica, fruto do ambiente da globalização. A economia brasileira vem em gradual expansão, apesar da forte oscilação da taxa de crescimento do PIB na primeira década deste século.

As Visões da Política Externa Brasileira e Paraguaia (2002 - 2010)

A América do Sul seria o ponto de partida e prioridade para a ampliação das relações multilaterais brasileiras através da reconstrução do Mercosul, ampliação do relacionamento comercial com os países da Comunidade Andina, além de Chile, Guiana e Suriname em prol do fortalecimento equitativo na região, pois o continente sul-americano seria visto como o espaço propulsor para que o governo brasileiro alcançasse maior projeção internacional. Para que se pudesse atingir este objetivo, contudo, era necessário traçar uma política estratégica eficaz visando à integração regional.

Outro aspecto relevante para a formulação da política externa é a intervenção da *opinião pública.* Esta pode servir como *origem* da política externa, ou seja, o governante toma como base as aspirações da população nacional para estruturas suas estratégias internacionais; e/ou *instrumento de avaliação* do desempenho do representante do Estado nacional. Carlos Aurélio Pimenta de Faria (2008) descreve bem a relação entre política externa e opinião pública ao escrever que "opinião pública e política exterior têm o potencial de se afetar mutuamente (FARIA, 2008, p. 90).

Foi justamente na opinião pública, por sua vez, que o então presidente paraguaio Fernando Lugo encontrou o principal instrumento durante a sua candidatura. Em 20 de abril de 2008, foi eleito com mais de 40% dos votos de 64,65% dos eleitores paraguaios habilitados (1.726.906) que participaram do processo eleitoral[3]. Sua estratégia para alcançar o poder foi aclamar que seus esforços seriam direcionados para sanar o problema da desigualdade social que ainda assola o país, implementando uma reforma agrária constitucional e, principalmente, resolver de uma vez por todas a posição de "submissão" do povo paraguaio por conta do previsto pelo Tratado de Itaipu.

Em seu discurso de posse, realizado em 15 de agosto de 2008, Fernando Lugo (2008) faz questão de deixar bem claro que os princípios de sua gestão são "o mérito da solidariedade, a equidade social e a identidade" paraguaios. E estes, segundo o atual presidente, são o caminho para o desenvolvimento da nação, bem como "as potencialidades humanas, produtivas e estratégicas" (LUGO DE MÉNDEZ, 2008). Seu principal anseio era a promoção do desenvolvimento da economia paraguaia, levando em conta, também, as esferas política e social. O presidente amplia os horizontes da relação paraguaia com outros países que têm os mesmos propósitos e afinidades culturais, geográficas e históricas, visando um "projeto coletivo".

---

3 Tribunal Superior de Justiça Eleitoral. *Eleições Gerais '08*. Disponível em: http://www.tsje.gov.py/e2008/. Acesso em: 1 maio 2010.

O Desdobramento da Negociação entre as Partes

Tendo em vista todos estes arranjos políticos e a atual conjuntura internacional, o governo paraguaio retoma a discussão em torno do Tratado de Itaipu e questiona a sua validade por diversas razões que são abordadas ainda neste capítulo. Contudo, Lugo esbarra em algumas barreiras por se tratar de uma proposta de revisão e alteração de um instrumento jurídico estabelecido oficialmente por ambas as partes durante a década de 1970, dificultando, assim, a obtenção de seus objetivos em revisá-lo.

O Brasil, como a outra parte contemplada pelo tratado, direcionou seus argumentos no sentido em que foi constituído e outorgado em cada um dos artigos e representou, através de algumas figuras políticas, certa resistência para consentir com algumas propostas do país vizinho. Seu principal argumento esteve ligado ao conceito de *pacta sunt servanda*[4], tendo como finalidade dar continuidade ao aproveitamento hidroelétrico gerado pela usina binacional, como vem sendo feito durante estes anos, sem que as condições sejam alteradas. No entanto, recentemente ambos os países alcançaram bons resultados advindos de acordos já aprovados internamente e que serão abordados a seguir.

Posição Paraguaia

A questão fundamental da reivindicação do presidente é o preço pago e a disponibilidade para a venda a terceiros da energia hidroelétrica que lhe é de direito advinda da Usina de

4 "Os acordos devem ser cumpridos". Tradução livre do autor.

Itaipu. O Paraguai consome entre 5% e 10% [5] da energia gerada por Itaipu, mas é obrigado pelo tratado a vender o restante da sua cota de metade do produzido para o Brasil a preços inferiores aos de mercado de acordo com o estabelecido em tratado. Alguns autores, como é o caso de Rodolfo Abrahán[6], chegam a afirmar que o valor da renda que o Paraguai deixa de ganhar por conta das imposições contratuais (com Brasil e Argentina) é de US$ 3.645 milhões anuais, calculado pela diferença do preço pago (US$ 29/MWh) e o preço de mercado da energia (US$ 81/MWh), sem levar em conta os custos de distribuição. Este montante representa 60% do PIB do país e, por este motivo, é foco da reivindicação paraguaia.

Portanto, revelam-se basicamente seis elementos que estão em desacordo com os interesses paraguaios e o que deveria ser feito para que Paraguai alcance a soberania hidrelétrica, a saber: (1) possibilidade de dispor livremente de sua energia hidrelétrica; (2) direito de receber um preço justo de mercado; (3) direito de não pagar dívidas falsas, ilegítimas e ilegais; (4) direito a não ter que pagar os juros; (5) direito de ter uma energia barata para o consumo nacional; e (6) direito de administrar e controlar o entre hidroelétrico em paridade com os sócios.

A implementação destas medidas descritas implicaria em um aumento da ordem de US$ 1.550 a US$ 1.800 milhões anuais, o que representa um aumento de 25% do PIB paraguaio (CANESE, 2009, p. 115). Além disso, as obras pendentes também seriam realizadas conforme previstas no tratado e seus anexos, de modo a fortalecer a infraestrutura do Paraguai e escorar o crescimento do país.

---

5 CANESE, Ricardo. *La Recuperación de la Soberanía Hidroeléctrica del Paraguay:* En el marco de Políticas de Estado de energía. 5. ed. Assunção: CINERGIAS. Centro de Investigación de Energía, Ambiente y Sociedad. Editorial el ombligo del mundo, 2009.

6 ABRAHÁN, Rodolfo G. *Itaipú y Yacyretá:* "El botín de los jerarcas". Assunção: Editorial Don Bosco, 2008.

Posição Brasileira

O Brasil encontra-se em uma posição delicada. De um lado, o tratado estabelecido com o Paraguai vem lhe garantindo vantagens financeiras (graças à diferença entre o preço pago pela energia e o preço adotado pelo mercado) e operacionais (por conta dos altos níveis de energia gerada por Itaipu e sua utilização internamente). Por outro lado, além do custo econômico, existe o custo político caso não discuta melhorias. Além disso, o governo brasileiro não tem interesse em criar um ambiente hostil dentro do escopo sul-americano, principalmente em se tratando de uma intriga com um país membro do mesmo bloco econômico.

Outros receios presentes na argumentação brasileira, caso as propostas paraguaias sejam atendias, baseiam-se no aumento sensível das despesas. Pode-se, neste caso, incluir a eventual possibilidade da busca por novas fontes de energia de forma descontrolada, por muitas vezes representando investimentos mais onerosos nas contas públicas. Soma-se a isso a possibilidade de aumento do preço final da energia elétrica para os consumidores brasileiros. Tal situação provavelmente implicaria em um desgaste político através da pressão realizada por parte da população, apesar das atuais declarações dos representantes nacionais das quais asseguram que, se houver algum aumento no preço da energia, este será absorvido pelo governo ao invés de ser repassado.

É por conta desta dualidade e desconforto gerado dentro do âmbito sul-americano que as duas partes decidiram alinhar seus interesses e oficializá-los por meio de novos acordos bilaterais com o objetivo de sanar as divergências em torno de Itaipu Binacional e seus benefícios mútuos.

Processo de Amadurecimento do Acordo e suas Repercussões

No dia 25 de julho de 2009, foi dado o primeiro passo para a evolução da negociação do assunto que envolve a Usina Hidrelétrica de Itaipu. Os presidentes Fernando Lugo e Lula, em Assunção, no Paraguai, reuniram-se para que as propostas fossem apresentadas e discutidas. No final da reunião, as partes entraram em um consenso ao chegar a um acordo de 31 pontos. A proposta brasileira consistia, a princípio, em triplicar o valor pago anualmente pela energia para o Paraguai, que hoje está em US$ 120 milhões anuais, para US$ 360 milhões anuais, sendo que todo o montante teria como origem o Tesouro Nacional brasileiro, e não o consumidor final, como muitos temiam. Além do aumento supracitado, o Brasil ainda se comprometeu em oferecer ao Paraguai o acesso "privilegiado ao mercado brasileiro" e, também, financiar projetos de infraestrutura no país.

Os presidentes voltaram a se encontrar na cidade de Ponta Porã com a finalidade de caminhar as negociações para a satisfação de ambas as partes. Ficou estabelecido em maio de 2010 que o governo brasileiro irá construir uma linha de transmissão de 500 kilovolts (com previsão de término até Dezembro de 2012) que vai ligar Itaipu à cidade de Villas Hayes, no Paraguai. Esta linha de transmissão, estimada no valor de US$ 400 milhões, será inteiramente custeada pelo governo brasileiro, não gerando nenhum tipo de despesa ao Paraguai. A primeira alternativa abordada para que se fosse viabilizada a obra foi a presença do BNDES (Banco Nacional de Desenvolvimento Econômico e Social), mas foi logo descartada por considerar a morosidade de aprovação do Congresso brasileiro e necessitar de uma contrapartida paraguaia – o que não está previsto no acordo. Assim sendo, a melhor forma encontrada para que o Brasil possa iniciar a construção da linha foi o FOCEM (Fundo para a Convergência Estrutural do Mercosul), pois, de acordo com este procedimento, existe a necessidade de autorização de todos os membros do bloco, apenas.

O projeto já fora votado e aprovado no Senado e no Congresso paraguaios. A partir de então, o projeto voltou ao poder legislativo brasileiro para passar por um processo de votação. Em 6 de abril de 2011, o documento com as alterações negociadas foi aprovado pela Câmara dos Deputados, com os números expressivos de 285 votos favoráveis e 54 contrários ao acordo[7]. Em seguida, o acordo foi encaminhado para o Senado a fim de passar, também, por um processo de votação. Este foi realizado no dia 11 de maio de 2011 resultando na aprovação do documento, que, por se tratar de um projeto de decreto legislativo, entra em vigor logo após sua publicação, sem a necessidade de ser sancionado pela presidente Dilma Rousseff. Vale ressaltar que a aprovação no Senado ocorreu às vésperas da visita da presidente ao Paraguai, para a comemoração do bicentenário de independência paraguaia.

A partir deste cenário, é possível observar um rápido avanço e a possibilidade de se estabelecer, enfim, alguns pontos de convergência entre as duas partes. Ainda que exista a representatividade da oposição à consolidação da revisão do tratado ou até mesmo da assinatura de um novo acordo capaz de assegurar novas responsabilidades e deveres, os esforços de ambos os países estão contribuindo para que este contencioso seja encaminhado para um encerramento satisfatório. Tal fato repercute positivamente nas faces nacional e internacional, agindo como um símbolo de aliança entre as duas estruturas de política (interna e externa, respectivamente).

7 Câmara aprova acordo sobre Itaipu. *Folha Online*. São Paulo, 7 abr. 2011. Disponível em: http://www1.folha.uol.com.br/mundo/899335-camara-aprova-acordo-sobre-itaipu. shtml. Acesso em: 25 nov. 2011.

Considerações Finais

A despeito de todas as críticas feitas no período pré-eleição de Fernando Lugo no sentido de colocar o Brasil em uma posição de um inimigo regional através de declarações de líderes paraguaios a atuação brasileira na época em que fora assinado o tratado e atualmente, o governo brasileiro tem tomado as devidas políticas a fim de garantir a harmonia regional. Estas medidas são dotadas dos maiores cuidados para que qualquer atitude não abale a imagem do governo Lula perante o sistema internacional, bem como sua postura de cooperação a favor do desenvolvimento dos países emergentes. Tal fato nos leva a crer que esforços ainda são feitos para encontrar um meio de solucionar os contenciosos latino-americanos, seja por conta da interdependência econômica ou proximidade político-cultural. Há de se destacar o papel da comunicação como base para solução de quaisquer dissídios, principalmente quando existe pelo menos um denominador comum capaz de trazer benefícios para as partes envolvidas. Itaipu, por sua vez, é um exemplo de uma entidade binacional que surge, a priori, para cessar as discussões em torno da fronteira de Brasil e Paraguai, passa a ser referência de geração de energia e acaba se tornando alvo de críticas e dúvidas quase quarenta anos depois.

Apesar de tratarmos de uma negociação predominantemente bilateral, não se pode desprezar os demais fatores do entorno, que vão além das fronteiras brasileiras e paraguaias, a começar pelos possíveis impactos no bloco econômico regional, o Mercosul. Um desconforto entre Brasil e Paraguai certamente abalaria a estrutura política do bloco e poderia colocar em risco quase 20 anos de integração. Não interessa a ambas as partes carregar o fardo de *persona non grata* dentro do cenário latino-americano. Há muito mais a perder além das vantagens econômicas que a Usina de Itaipu traz aos dois países em questão.

Por isso, os meios diplomáticos usuais tornam-se a melhor alternativa para pautar, ponderar e resolver os interesses (neste caso divergentes) de Brasil e Paraguai, mesmo porque esta condição está prevista no próprio Tratado de Itaipu. Ainda nesta linha, deve-se enfatizar que o interesse originário em estabelecer o aproveitamento hidrelétrico mútuo precisa prevalecer sobre os interesses particulares de cada país, como fora constatado à época da construção da usina. Itaipu é um patrimônio brasileiro-paraguaio e deve ser encarado como tal para que se possa encontrar o consenso entre as partes e, enfim, restaurar a harmonia regional.

Internamente, as duas partes encontram resistência popular. Fernando Lugo é intensamente cobrado para cumprir suas promessas de recuperação da "soberania energética" e rever as condições estabelecidas pelo Tratado de Itaipu. Enquanto isso, Lula da Silva tem de enfrentar frequentes queixas referentes ao possível repasse da diferença que será paga pela parte da energia paraguaia – aumentando, assim, o valor da conta de energia elétrica dos consumidores brasileiros –, além de movimentos sociais que compartilham a visão de que a postura do governo brasileiro está equivocada por não favorecer a integração latino-americana, como o Movimento dos Trabalhadores Rurais Sem Terra (MST) e o periódico *Brasil de Fato*.

Em se tratando de um domínio mais amplo, pode-se perceber que o atraso para o desfecho do litígio fragiliza a imagem que os dois países têm para com os demais atores internacionais. Ao mesmo tempo, esta demora tem a possibilidade de ser interpretada como um processo de indecisão, tendendo a inibir a consolidação de novos acordos com outros países e trazer prejuízos ao capital político por passar a imagem de um ambiente instável e arriscado.

Para que o Paraguai possa atingir o objetivo de sua política energética de desenvolvimento com integração regional e, posteriormente, conduzir os ganhos para a esfera social (um dos pilares da campanha eleitoral de Lugo), deve-se considerar a energia como um dos fatores definitivos da política de Estado. Com isso, Itaipu seria um objeto fundamental para garantir a eficácia do trinômio energia, desenvolvimento e infraestrutura. Por outro lado, existe o esforço brasileiro para manter a unidade dos países menos desenvolvidos que buscam ascensão econômica, baseado no teor das declarações de Lula. Por isso, existe uma atenção especial em prol do melhor aproveitamento dos recursos que os países da América do Sul dispõem, principalmente se for feito mutuamente, como no caso de Itaipu.

A Usina Hidrelétrica de Itaipu pode e deve ser usada como um meio para alcançar a cooperação bilateral - um tema recorrente nos discursos dos governantes latino-americanos - e não favorecer apenas um dos lados ou deixar que uma parte leve vantagem sobre a outra. A utilização de sua energia deve ser única e exclusivamente em benefício da melhoria das duas economias envolvidas, sem que o empreendimento binacional seja envolvido em discursos agressivos e nem sirva de “trampolim político”.

Finalmente, deve-se enaltecer o artifício diplomático utilizado pelas partes para encaminhar o bom andamento da negociação, sem que fosse, sequer, considerada alguma outra maneira de persuasão (seja por opção ou impossibilidade). Acredita-se que esta é a melhor maneira de encaminhar as negociações e tratar dos contenciosos de quaisquer gêneros, tendo em vista que vivemos em um ambiente de inter-relação entre as diversas esferas e devemos tomar os devidos cuidados para que uma ação no presente não influencie negativamente quaisquer ações no futuro.

Referências

Livros

ABRAHÁN, Rodolfo G. *Itaipú y Yacyretá:* "El botín de los jerarcas". Assunção: Editorial Don Bosco, 2008.

BARBOZA, Mario Gibson. *Na Diplomacia o Traço Todo da Vida.* Rio de Janeiro: Record, 1992.

BETIOL, Laércio F. *Itaipu:* modelo avançado de cooperação internacional na Bacia do Prata. 2ed. Rio de Janeiro: Editora FGV, 2008.

CANESE, Ricardo. *La Recuperación de la Soberanía Hidroeléctrica del Paraguay:* En el marco de Políticas de Estado de energía. 5. ed. Assunção: CINERGIAS. Centro de Investigación de Energía, Ambiente y Sociedad. Editorial el ombligo del mundo, 2009.

CANESE, Ricardo; CODAS, Gustavo (org.). *O Direito Do Paraguai À Soberania.* São Paulo: Expressão Popular, 2008.

CAUBET, Christian G. *As Grandes Manobras de Itaipu:* energia, diplomacia e direito na Bacia do Prata. São Paulo: Acadêmica, 1989L.

GOTT, Richard; CODAS, Gustavo (org.). *O Direito Do Paraguai À Soberania.* São Paulo: Expressão Popular, 2008.

Artigos

SELL, Mariana S. *Direito Internacional de Águas na Bacia do Rio da Prata:* Aplicação Regional de Princípios e Regras Procedimentais do Direito Internacional de Águas. Disponível em: http://www.capnet-brasil.org/arquivos/ env_19_04_07/ Direito%20 Internacional%20de%20Águas%20na%20 Bacia%20do%20Prata.pdf. Acesso em: 16 abr. 2009.

Periódicos

Brasil construirá linha de transmissão para evitar revisão de acordo. *Folha Online.* São Paulo, 30 abr. 2010. Disponível em: http://www1.folha.uol.com.br /folha/ mundo/ ult94u728309.shtml. Acesso em: 6 maio 2010.

Brasil e Paraguai anunciam acordo sobre hidrelétrica de Itaipu. *Folha Online.* São Paulo, 25 jul. 2009. Disponível em: http:// www1.folha.uol.com.br/folha/ dinheiro/ ult91u600281. shtml. Acesso em: 26 jul. 2009.

Câmara aprova acordo sobre Itaipu. *Folha Online.* São Paulo, 7 abr. 2011. Disponível em: http://www1.folha.uol.com.br/ mundo/899335-camara-aprova-acordo-sobre-itaipu.shtml. Acesso em: 25 nov. 2011.

Senado aprova acordo entre Brasil e Paraguai sobre Itaipu. *Folha online.* São Paulo, 11 maio 2011. Disponível em: http:// www1.folha.uol.com.br/mundo/914608-senado-aprova-acordo-entre-brasil-e-paraguai-sobre-itaipu.shtml. Acesso em: 25 nov. 2011.

Referências Eletrônicas

BIANCHI, Carmem Julia Lannes. *A Influência Sócio-Educacional da Itaipu Binacional no Município de Foz do Iguaçu desde a Década de Setenta:* Uma Análise Contextual. Disponível em: http:// www.diaadiaeducacao.pr.gov.br/ diaadia/diadia/ arquivos/ File/ Carmen_Julia_Dissertacao.pdf. Acesso em: 15 abr. 2009.

BRASIL; PARAGUAI. *Tratado de Itaipu.* Disponível em: http:// www.itaipu.gov.br/files/file/tratadodeitaipu.doc. Acesso em: 22 mai. 2010.

ITAIPU BINACIONAL. *Argentina reage à criação de Itaipu.* Disponível em: http://www.itaipu.gov.br/?q=node/356. Acesso em: 19 jul. 2010.

ITAIPU BINACIONAL. *Geração.* Disponível em: http://www. itaipu.gov.br/ index.php?q=node/157&foto=geracao.jpg. Acesso em: 30 mar. 2010.

LUGO DE MÉNDEZ, Fernando Armindo. *Discurso del Presidente Fernando Lugo en su asunción al mando.* 15 ago. 2008. Disponível em: http://www.presidencia.gov.py/ v1/?p=6819. Acesso em: 5 maio 2010.

Tribunal Superior de Justiça Eleitoral. *Eleições Gerais '08.* Disponível em: http://www.tsje.gov.py/e2008/. Acesso em: 1 maio 2010.

GASTO PÚBLICO E IDEOLOGIA POLÍTICA: UMA REALIDADE NECESSÁRIA? UM ESTUDO A PARTIR DO GRANDE ABC (1983-2000)

DANIELA CARDOSO PINTO*

* Mestre em Ciência Política pela Pontifícia Universidade Católica de São Paulo – PUC/SP, Professora das Faculdades Metropolitanas Unidas – FMU.

Resumo

Este artigo busca avaliar se as políticas sociais implantadas em Diadema no período de 1983 a 2000 por partidos de esquerda diferem das políticas adotadas pelos demais municípios da região administrados por partidos ideologicamente distintos.

Para tanto, utilizou-se como referencial teórico, os pressupostos de direita e esquerda defendidos por Norberto Bobbio, John Stuart Mill, Murray Rothbard, entre outros, e como base de dados, os quantitativos fornecidos pela Fundação Seade e Secretaria do Tesouro Nacional referentes às receitas e despesas com as funções Saúde e Educação, de acordo com a dimensão temporal analisada.

Os resultados obtidos demonstram não haver correlação entre as distinções políticas e o perfil dos gastos públicos efetuados com as funções supracitadas no referido período, de modo a se questionar se em nível municipal ocorre tal distinção ou se outras variáveis como demanda e perfil do gestor local é que verdadeiramente determinam a política pública a ser adotada.

Palavras-chaves

Grande ABC, Diadema, Mauá, Ribeirão Pires, Rio Grande da Serra, Santo André, São Bernardo do Campo, São Caetano do Sul, PT, PTB, PMDB, direita, esquerda.

Abstract

This paper intends to answer whether the social policies implemented in Diadema from 1983 to 2000 by leftist parties differ from the policies adopted by other municipalities in the region governed by ideologically distinct parties.

Therefore, it was used as a theoretical assumptions of left and right defended by Norberto Bobbio, John Stuart Mill, Murray Rothbard, among others, and as a database, the figures provided by Seade's Foundation and Secretary of National Treasury related revenues and expenses into the functions Health and Education, according to the temporal dimension analyzed.

The results show us there wasn't correlation between political distinctions and profile of public spending made with the functions mentioned above in that period. So, one other possibility is if there is that distinction at municipal level or if other variables such as demand and profile of the local manager are the reason that really determine the public policy.

Keywords

Great ABC Area, Diadema, Mauá, Ribeirão Pires, Rio Grande da Serra, Santo André, São Bernardo, left politics faction, right politics faction.

Introdução

Desde o início da década de 1980, quando ganha força no Brasil os movimentos populares pela retomada da democracia, ocorre o aumento da polarização entre partidos de direita e esquerda.

Todavia, foi somente a partir de 1988 que se torna evidente esta dicotomia, que até hoje capta votos para um lado ou para o outro. Entretanto, o que se questiona é se, nas esferas locais, essa distinção de discurso ocorre na prática no que se refere ao volume de gastos públicos.

O objetivo deste trabalho é discutir a existência ou não da influência político-ideológica sobre os gastos públicos municipais na região do Grande ABC, no período de 1983 a 2000, consistindo sua importância em se tentar ter maior clareza sobre os embates políticos, ou seja, se os mesmos realmente ocorrem por distinções de programas ou por disputa de poder.

As hipóteses abordadas para o esclarecimento do problema são:

- A clivagem ideológica direita – esquerda se reflete na alocação dos recursos públicos.
- As demandas regionais é que determinam a alocação dos recursos públicos.
- O perfil do gestor e do partido em nível local é que determinam a alocação dos recursos públicos.
- Independente da ideologia política, os gestores locais executam gastos da mesma forma.

Tais hipóteses serão refletidas pelo embasamento teórico fornecido por alguns pensadores como Jean Jacques Rousseau, Maria D'Alva Gil Kinzo e Anthony Giddens e pelos dados quantitativos obtidos da Fundação Seade e Secretaria do Tesouro Nacional.

A dicotomia entre Direita e Esquerda

Direita e esquerda são palavras usualmente empregadas para designar ideologias dispares que teoricamente impulsionam movimentos políticos. Representam distinção não somente de interesse, mas de valores quanto à direção a ser seguida por uma sociedade.

Bobbio (1995) questiona o limite de ser direita e esquerda. Historicamente teria surgido o conceito de esquerda na Revolução Francesa e, o seu oposto, direita, pois uma somente existe mediante a presença da outra. Desde então, dadas as consequentes revoluções e a guerra fria, o conceito de direita e esquerda foi muito associado a liberalismo e socialismo, ficando a direita mais caracterizada com as ideias libertárias do liberalismo contra as ideias mais igualitárias do socialismo, que se associaram à esquerda.

Para Rousseau (1962), a liberdade é um direito inalienável do homem e recusá-la é recusar a própria qualidade de ser humano. Porém, Rousseau alertava que sem um mínimo de igualdade social, a liberdade civil seria impossível. Segundo o autor, é somente a lei que dita os preceitos da razão pública e que restabelece o direito a igualdade natural entre os homens.

Dessa forma, as ideologias se polarizaram com o liberalismo à esquerda e o conservantismo à direita (ROTHBARD, 1988, p. 26).

O final do século XVIII e início do século XIX foram marcados pela chegada das chamadas "massas populares" à vida política por meio das organizações sindicais que lutavam contra as injustiças sociais oriundas da consolidação do modo de produção capitalista pós Revolução Industrial (SANDRONI, 2001, p. 567). Como resultado, O Estado e as decisões políticas ficaram sob o cerco das massas. Nesta lacuna, criada pelo declínio do liberalismo, surge o socialismo, que enfatizava justamente a primazia da comunidade sobre o indivíduo, dando maior ênfase à questão da igualdade social.

O declínio do socialismo ocorreu porque, à semelhança do liberalismo e, em oposição ao conservantismo, o socialismo aceita o sistema industrial e as metas liberais de liberdade, como um padrão de vida mais elevado para o povo, porém, utilizando-se de meios conservadores como estadismo e planejamento centralizado. Assim, segundo esse autor, em meados do século XX, o socialismo se viu muito mais alinhado com o conservantismo.

A retomada dos libertários se deu nos Estados Unidos, após o *New Deal*[1] e o governo Roosevelt. Os libertários se fundiram com os conservadores e estes por sua vez adequaram-se à ideologia libertária na oposição a um governo visto como demasiado coletivista. Posteriormente, no final da década de

1 Programa econômico adotado em 1933 pelo presidente norte-americano Franklin Roosevelt para combater os efeitos da Grande Depressão e refazer a prosperidade do país. Baseou-se nos ensinamentos que a reflexão teórica de Keynes produziria: baseou-se na intervenção do Estado no processo produtivo, através de um plano de obras públicas, com o objetivo de atingir o pleno emprego, o9 que contradizia toda a tradição liberal dos EUA. A execução do *New Deal* contou com uma forte oposição dos industriais e dos setores conservadores da sociedade, que denunciavam a intervenção do Estado na economia como um processo de socialização da vida nacional. No entanto, foi o programa de Roosevelt que fortaleceu e consolidou o sistema capitalista no país (SANDRONI, 2001, p. 422-423).

1960 e início da década de 1970, a instabilidade econômica começa a se manifestar através dos choques mundiais no preço do petróleo e pelo endividamento excessivo dos países subdesenvolvidos que originam na formação de um movimento que pregava a redução do poder regulatório do Estado na economia, mencionando o retorno da "mão invisível". Este modelo se chamava neoliberalismo.

A nova ideologia libertária, chamada neoliberalismo, se caracterizava pela defesa do Estado mínimo, no qual o mercado competitivo maximizaria a eficiência econômica e a liberdade individual. A necessidade do Estado mínimo provém do fato deste dever regular a boa produção de bens e serviços e não gerá-los, sem suprimir as forças de mercado, pois a sua supressão implicaria suprimir as liberdades geradas pela liberdade de mercado. Por outro lado, o Estado, apesar de mínimo, deve ser forte para fazer cumprir as leis das quais depende a competição.

O ápice do neoliberalismo se deu no final da década de 1980 com a queda do muro de Berlim, onde o socialismo parecia estar próximo de seu fim. Para Hayek apud Moraes (2003, p.122), os propósitos de reforma social do socialismo constituíam apenas uma forma parcial da revolução totalitária. Dessa forma, o neoliberalismo passa a crítico do *Welfare State* e o do controle sobre os mercados, associando a eles os novos males da economia como inflação, descontrole fiscal e endividamento. Para tanto, os neoliberais propunham como solução a minimização do Estado e abertura das economias à competição internacional.

Contudo, na década de 1990, mesmo os neoliberais reconhecem que o modelo não acarretou no desenvolvimento econômico que esperavam além de gerar efeitos inesperados como especulação financeira desenfreada e aumento da desigualdade social.

Conforme Bobbio (1995), algumas vezes a liberdade é compatível e complementar à igualdade e, em alguns outros casos, incompatível e excludente. Ressalta-se, conforme o autor, que os conceitos de liberdade e igualdade não são simétricos, pois o primeiro se refere ao um *status* pessoal e o segundo a uma relação entre duas ou mais pessoas.

Os pressupostos defendidos pelo autor demonstram que, direita e esquerda, ambas podem convergir em maior ou menor proporção dentro de uma mesma ideologia, não havendo necessidade de ruptura, restando apenas as extremidades para distingui-las. Entretanto, ao alcançarem seus extremos, ambas possuem a mesma característica: a de serem autoritárias.

Um Estudo Comparativo entre os Municípios do Grande ABC

Gastos Públicos Locais e Perfis Ideológicos: uma distinção existente?

A década de 1980 se caracterizou por ser um período de estagnação econômica associada à alta inflacionária e consequente aumento das desigualdades sociais, o que, associado ao retorno das eleições diretas para prefeitos e governadores, aumentou as pressões populares por políticas sociais.

Dentro deste contexto, ganham importância os diferentes perfis ideológicos partidários que, teoricamente, com o advento da descentralização, têm a perspectiva de promoverem gestões locais diferenciadas.

Faz-se, a seguir, análise de dados referentes às funções programáticas com e sem repasses constitucionais, com e sem limites mínimos para investimento. Para tanto, apresentamos a composição política do poder executivo em cada uma das sete cidades, a fim de se poder analisar a importância de se ser esquerda ou direita (Tabela 1).

Tabela 1. Prefeitos e Partidos nas Cidades do Grande ABC

Mandato	1983 a 1988	1989 a 1992	1993 a 1996	1997 a 2000
Diadema	Gilson Menezes (PT)	José Augusto Ramos (PT)	José de Filippi (PT)	Gilson Menezes (PSB)
Mauá	Leonel Damo (PMDB)	Amaury Grecco (PL)	José Grecco (PMDB)	Oswaldo Dias (PT)
Ribeirão Pires	Valdírio Prisco (PMDB)	Luís Carlos Grecco (PDS)	Valdírio Prisco (PMDB)	Maria Inês Soares Freire (PT)
Rio Grande da Serra	William Ramos (PMDB)	Cido Franco (PTB)	José Teixeira (PSDB)	PTB/PST/PTB*
Santo André	Newton Brandão (PTB)	Celso Daniel (PT)	Newton Brandão (PTB)	Celso Daniel (PT)
São Bernardo do Campo	Aron Galante (PMDB)	Maurício Soares (PT)	Walter Demarchi (PTB)	Maurício Soares (PSDB)
São Caetano do Sul	Hermógenes Brado (PTB)	Luiz Tortorello (PTB)	Antonio Dall'anese (PTB)	Luiz Tortorello (PTB)

Fonte: www.imes.edu.br/posstricto/dissertações/2005/expeditonunesquadro_1_prefeitos_e_partidos.pdf.

* Rio Grande da Serra teve cinco prefeitos neste mandato: Cido Franco (PTB) que faleceu em março de 1997; José Carlos Assunção (PST), o vice, que foi assassinado em abril de 1998; Expedito de Oliveira (PST), presidente da Câmara que governou por três meses, quando foram realizadas novas eleições; Danilo Franco (PTB), que renunciou, assumindo seu vice; Barros Carvalho (PTB) que governou até julho de 2000, quando seu mandato foi cassado.

De um modo bastante simplificado, a linha classificatória do espectro ideológico dos partidos - utilizando-se somente os presentes neste estudo - foi adotada de acordo com dados fornecidos por Maria Dalva Gil Kinzo em seu livro *Radiografia do Quadro Partidário Brasileiro* (1993), baseado na formação do quadro partidário brasileiro em sua primeira década de autoritarismo.

Direita	Centro	Esquerda
PDS - PL - PTB	PMDB - PSDB	PT

Fonte: Kinzo (1993).

Gastos em Função com Limite Constitucional

De acordo com o Art. 126 da emenda constitucional de 1969, § 4º, os municípios devem aplicar no mínimo, vinte e cinco por cento, da receita resultante de impostos e transferências, na manutenção e desenvolvimento do ensino. Tal obrigatoriedade foi ratificada pela constituição de 1988.

O gráfico 1 pretende demonstrar a evolução ou não de gastos percentuais com a função educação e cultura de cada município ao longo dos dezessete anos analisados. Ressalta-se que este gráfico foi desenvolvido com dados correspondentes ao período de 1990 a 2000, pois não localizamos dados disponíveis para o período anterior a este.

Gráfico 1

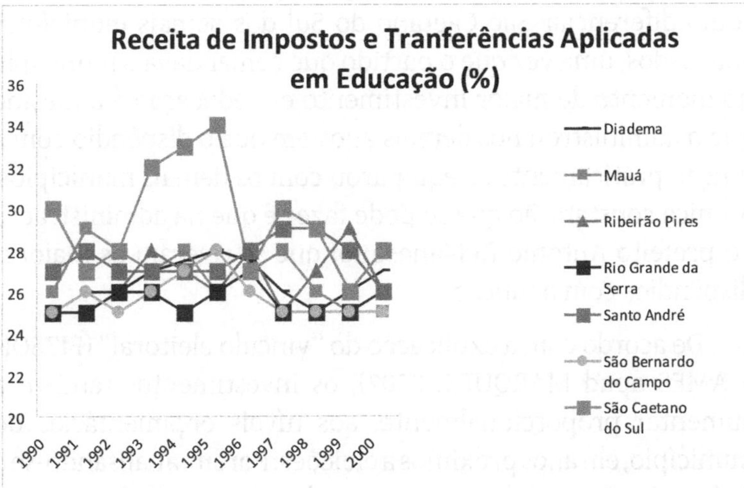

Fonte: Tribunal de Contas do Estado de São Paulo/2008.

Percebe-se que todos os municípios investiram em educação, percentuais acima do limite mínimo exigido pela Constituição Federal, demonstrando que, independentemente de serem geridos por partidos de direita ou esquerda, os municípios investiram percentuais muito próximos, porém, todos acima do mínimo estabelecido pela legislação. O destaque para este gráfico está nos gastos de São Caetano do Sul para o período de 1992 a 1994, quando o município chega a gastar 39% das receitas provenientes de impostos e transferências em educação.

Apesar de haver o limite constitucional mínimo para investimento em educação e, conforme Gomes (2008), esse ser um dos fatores limitantes de diferenciação entre gestões locais de direita e esquerda, percebe-se, pelo Gráfico 1, que São Caetano, ao investir 14 pontos percentuais acima do mínimo estabelecido por lei, em 1994, demonstra que há como diferenciar as gestões, uma vez que o limite está no mínimo a ser aplicado e não no máximo. Porém, mesmo investindo acima do mínimo exigido, não há, por esse critério, como diferenciar São Caetano do Sul dos demais municípios analisados, uma vez que o partido que comandava o município no momento de maior investimento em educação é o mesmo que o administrou nos demais anos em que o dispêndio com a função praticamente se equiparou com os demais municípios. A única constatação que se pode fazer é que na administração do prefeito Antonio Dell'anese foi que se tiveram os maiores dispêndios com a função.

De acordo com a explicação do "vínculo eleitoral" (FIZSON e AMES apud MARQUES, 2002), os investimentos tendem a aumentar proporcionalmente, aos níveis orçamentários do município, em anos próximos a eleições. Porém, analisando-se o Gráfico 1, não se pode constatar nenhum aumento discrepante do que o contínuo crescimento que já havia ocorrendo. Portanto, pode-se afirmar que apesar de apresentarem oscilações na curva ascendente, essas interrupções de crescimento de gastos não coincidiram com a troca de partidos no poder.

Gastos em Função sem Limite Constitucional

A presente subseção tem como objetivo verificar o perfil de investimentos que não dispõe de limites constitucionais. Todos os valores estão expressos em proporção ao orçamento de cada ano. Para tanto, optou-se por analisar os gastos com a função saúde[2] e saneamento, em virtude de ser esta a função para a qual localizamos gastos para todos os anos na maioria dos municípios analisados.

2 Da mesma forma como para a função Educação e Cultura, no período analisado a função analisada era denominada Saúde e Saneamento e não se obteve os valores de cada um separadamente. Porém, considerou-se para fins deste trabalho que poderíamos utilizar tal parâmetro, uma vez que entre os anos de 2002 e 2006, quando já existia a distinção entre as funções saúde e saneamento, a primeira representava em média 25% contra 5% da segunda.

Gráfico 2

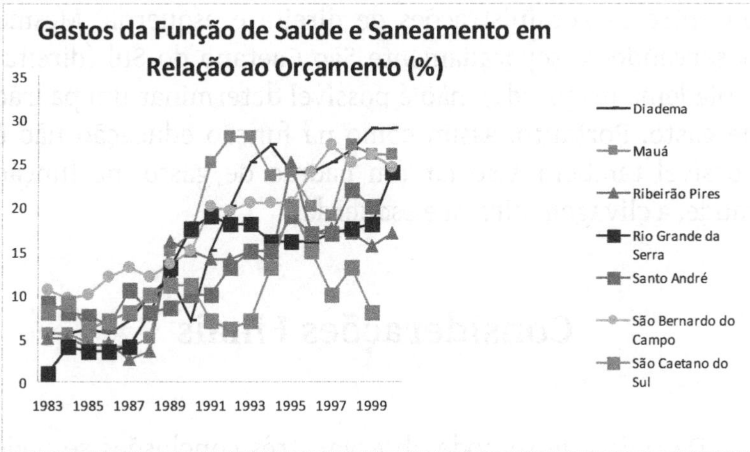

Fonte: Fundação Seade/2007.

Nota-se, por meio do Gráfico 2, um contínuo aumento proporcional de gastos em todos os municípios. A exceção se observa nos municípios de Mauá que, após um crescimento acima da média da região no período de 1991 a 1994, apresenta queda na mesma proporção de seu aumento, no período de 1995 a 1997, e São Caetano do Sul, que tem decréscimo de seus gastos de 1990 a 1992, quando os mesmos voltam a aumentar, chegando a 20% do orçamento em 1994 e, a partir de 1995, volta a cair. Novamente, como a exemplo dos gastos com a função educação, não se tem como associar essa variação de gastos a um posicionamento ideológico, visto que, no caso de Mauá e São Caetano do Sul, a administração no período se deu por partidos de centro e direita (PL e PMDB para Mauá e PTB para São Caetano do Sul), sem haver, teoricamente, nenhuma conexão ideológica entre eles.

Com relação aos anos pré-eleitorais, também não se constatou nenhuma relação com aumento de gastos nesta função, da mesma forma como, de um modo geral, não foi possível visualizar um padrão de gastos entre os municípios ou entre as administrações de direita e esquerda. Mesmo observando-se separadamente São Caetano do Sul (direita) e Diadema (esquerda), não é possível determinar um padrão de gasto. Portanto, assim como na função educação não é possível também associar um padrão de gasto, na função saúde, à clivagem direita e esquerda.

Considerações Finais

De tudo que se pode observar, três conclusões se pode delinear: a primeira que, conforme Bobbio (1995), os conceitos de direita: e esquerda se deslocam e interagem entre si; a segunda que, apesar de ter sido um partido de direita o maior executor de gastos em educação promovidos na região (São Caetano, PTB), que esta não seja uma característica propriamente de direita, mas o perfil do executivo local, haja vista que o Partido Trabalhista Brasileiro não promoveu a mesma ascendência de gastos no período em que geriu Santo André. A terceira conclusão diz respeito à comparação da oscilação das curvas de cada município. Percebe-se que, tanto em municípios administrados por partidos de direita como em municípios administrados por partidos de centro ou esquerda, houve períodos de maiores gastos com cada uma das funções, independente do período eleitoral ou qualquer outra simetria ideológica. Portanto, pode-se observar que a questão "demanda" parece ter maior importância quando analisada comparativamente à distinção ideológica-partidária.

As análises demonstradas neste trabalho nos remetem a responder às hipóteses levantadas anteriormente, de forma não conclusiva e distante de podermos, por meio delas, definir padrões para o que seria uma política social de esquerda e sua diferenciação perante gestões de direita. O resultado nos revela que, para o período estudado, na região do Grande ABC, supostamente impactaram sobre as decisões de investimento o perfil do executivo local e demanda regional, o que nos leva a outra hipótese a ser estudada em outro trabalho: o quanto a realização ou não de projetos por governos locais está ou não associada à capacidade administrativa de cada gestão.

Referências

BOBBIO, Norberto. *Direita e Esquerda:* razões e significados de uma distinção política. Ed. Unesp, São Paulo, 1995.

______. *Igualdade e Liberdade.* São Paulo: Ediouro, 1996.

COVRE, Maria de Lourdes M. *A Fala dos Homens:* análise do pensamento tecnocrático. São Paulo: Ed. Brasiliense, 1983.

GIDDENS, Anthony. *Para Além da Esquerda e da Direita.* São Paulo: Ed. Unesp, 1996.

GOMES, Sandra Cristina. *Fatores Explicativos das Diferentes Estratégias de Municipalização do Ensino Fundamental nos Governos Subnacionais do Brasil (1997-2000).* Universidade de São Paulo, Tese de Doutorado, São Paulo, 2008.

KINZO, Maria D'Alva G. *Radiografia do Quadro Partidário Brasileiro.* Rio de Janeiro: Ed. Konrad Adenauer Stiftung, 1993.

MILL, John S. *Sobre a Liberdade.* Petrópolis: Ed. Vozes, 1991.

MORAES, Reginaldo. *Neoliberalismo:* de onde vem, para onde vai? São Paulo: Ed. Senac, 2001.

______. Estado, Mercado e Outras Instituições Reguladoras. *Lua Nova*, n. 58, 2003.

REZENDE, Flavio C. Os Leviatãs estão fora de Lugar. *DADOS - Revista de Ciências Sociais*, vol. 39, n. 2, 1996.

ROTHBARD, Murray N. *Esquerda e Direita:* perspectivas para a liberdade. Rio de Janeiro: José Olimpio Editora, 1988.

ROUSSEAU, Jean-Jacques. *Da Economia Política.* Rio de Janeiro: Ed. Globo, Rio de Janeiro, 1962.

SANDRONI, Paulo. *Novíssimo Dicionário de Economia.* São Paulo: Ed. Best Seller, 2001.

OS LIMITES DA COOPERAÇÃO DESCENTRALIZADA: O CASO DA REDE MERCOCIDADES*

FABIANA RITA DESSOTTI PINTO**

*Texto apresentado no XII Congresso Internacional da FoMerco, no período de 14 a 16 de setembro, na Universidade Estadual do Rio de Janeiro.

** Doutora na área de Relações Internacionais do Programa de Pós-Graduação em Ciências Sociais da Pontifícia Universidade Católica de São Paulo (PUC/SP); professora do Centro Universitário Fundação Santo André (CUFSA) e da Universidade Municipal de São Caetano do Sul (USCS).

Resumo

O texto em como objetivo discutir as limitações da cooperação internacional descentralizada a partir do estudo da Rede Mercocidades. A Rede Mercocidades é uma associação de cidades dos países membros e associados do Mercosul, criada em 1995, com o objetivo de interferir nas decisões de integração no âmbito do Mercosul e de criar um ambiente de discussão e difusão de temas de interesse das cidades, por meio de suas Unidades Temáticas. Para tanto, o texto está dividido em três partes. A primeira parte trata das relações desenvolvidas no âmbito das redes internacionais de cidades, a cooperação descentralizada. A segunda parte apresenta a origem e as principais características da Rede Mercocidades. Por fim, a terceira parte envolve algumas considerações sobre a cooperação desenvolvida na Rede Mercocidades. Entre os principais aspectos positivos das relações estabelecidas na Rede Mercocidades observa-se a consolidação de um ambiente de conhecimento e de troca de experiências de temas de interesse das cidades. Já os aspectos negativos estão relacionados às dificuldades de continuidade dos trabalhos por descontinuidade política, de mensuração dos resultados da participação na Rede, de coordenação das atividades, de desenvolvimento de projetos conjuntos e o fato de que nem sempre as agendas estabelecidas para a Rede representam os interesses da maioria das cidades associadas.

Palavras-chaves

Cooperação Descentralizada, Rede Internacional de Cidades, Rede Mercocidades.

Abstract

The text has objective discuss restriction of the international decentralized cooperation from Network Mercocities's study. Network Mercocities is an association cities of members countries and associate Mercosur, created in1995, the objective is interfere with decisions integration within Mercosur and create an environment discussion and spread subjects interest by cities for its Thematic Units. For this reason the text is divided in three parts. The first one, deal with developed relationships within international network cities, decentralized cooperation. The second one, bring up the origin and characteristics means from Network Mercocities. At last, the third one involves some considerations about the developed corporation in the Network Mercocities. Among, the positives principals aspects established relationships in the Network Mercocities observe consolidation environment knowledge and experiences change interest topics of cities. However, the negatives aspects are related with difficulties of continuity works, because of discontinuity policy, measurement about results participation in the Network, coordination activities, development corporate projects and the agendas established for Network indeed sometimes no represented the majority interest of the associates cities.

Keywords

Decentralized Cooperation, International Network Cities, Network Mercocities.

Introdução

As redes internacionais de cidades são cidades integradas e associadas por meio, principalmente, de encontros e da internet e que buscam a troca de informações e desenvolvem projetos, nas suas diversas unidades temáticas, sobre os mais diversos temas: cooperação internacional, gestão pública, desenvolvimento econômico, social e urbano, meio ambiente, educação, cultura, entre outros. As redes propiciam trocas de experiências para a solução de problemas comuns, que também são globais.

As iniciativas de formação de redes de cidades se inserem na lógica da cooperação internacional, que tem como objetivo a consecução de objetivos comuns ou convergentes e a troca de informações, aplicada a unidades subnacionais. As cidades podem se aproximar por ligações regionais, históricas ou temáticas, o que se reflete no tipo de rede que será formada.

O objetivo central deste texto é analisar a Rede Mercocidades como iniciativa de cooperação internacional descentralizada para o desenvolvimento local.

A Rede Mercocidades foi criada em 1995, com o objetivo de favorecer a participação das cidades no processo de integração do Mercosul. É composta por cidades dos países-membros do bloco (Argentina, Brasil, Paraguai, Uruguai e Venezuela) e países associados ao bloco (Bolívia, Chile e Peru).

A análise da Rede Mercocidades, desenvolvida neste texto, busca compreender os aspectos das relações desenvolvidas neste âmbito, suas potencialidades e limitações. Além disso, é resultado do desenvolvimento da tese de doutorado apresentada no Programa de Pós-Graduação em Ciências Sociais da PUC/SP e pesquisas anteriores efetuadas no âmbito do Projeto Temático: Gestão Pública e Inserção Internacional das Cidades – Centro de Estudos de Cultura Contemporânea (CEDEC), Pontifícia Universidade Católica de São Paulo (PUC-SP), Universidade Estadual Paulista "Júlio de Mesquita Filho" (UNESP), com apoio da Fapesp e de outros pesquisadores, onde se pesquisou a inserção internacional da cidade de São Paulo e, particularmente, a participação da cidade em redes internacionais de cidades.

O texto está dividido em três partes. A primeira parte apresenta uma caracterização das relações estabelecidas no âmbito das redes internacionais de cidades. A segunda parte trata a Rede Mercocidades, apresentando sua origem, seus objetivos, suas características e principais ações. Na terceira parte, finaliza-se o texto com algumas considerações sobre o caso da Rede Mercocidades, apresentando suas limitações, como iniciativa de cooperação descentralizada para o desenvolvimento das localidades.

Cooperação Descentralizada: as Relações Desenvolvidas nas Redes Internacionais das Cidades

Apesar das dificuldades das áreas de relações internacionais e do direito internacional aceitarem as relações internacionais entre governos subnacionais, estas relações já são um fato. Resultado do contexto de globalização, as cidades passam a se inserir internacionalmente na busca de solução dos problemas locais, podendo esta ação ser considerada como novo instrumento nas políticas municipais de desenvolvimento local.

A inserção internacional das cidades pode ser efetuada de diversas formas, mas na maioria dos casos são ações cooperativas. Assim como a cooperação entre Estados-nação é chamada de cooperação internacional, a cooperação entre governos subnacionais é chamada de cooperação descentralizada.

A cooperação descentralizada é uma cooperação que tem como objetivo o desenvolvimento em um sentido mais amplo do que o econômico, considerando as dimensões democrática, social, ambiental, cultural, etc. Envolvem a consideração das especificidades das locálidades e a participação dos principais interessados na solução de seus problemas, características do desenvolvimento econômico local. Participam os seguintes atores: governos locais, organizações não governamentais, associações profissionais e grupos de iniciativas locais, cooperativas, sindicatos, organizações de mulheres e jovens, instituições de ensino e de pesquisa, igrejas, entre outros agentes que contribuam para o desenvolvimento. E dependem, em alguns casos, da coparticipação dos agentes interessados, podendo ser estimuladas pelos próprios governos nacionais ou por organismos internacionais.

Um dos caminhos para ação internacional dos governos subnacionais, bastante utilizado, em que se encaminha a cooperação descentralizada, é a inserção em redes internacionais de cidades.

As redes internacionais de cidades representam cidades interconectadas, independente da proximidade geográfica, por meio de encontros e dos sistemas de telecomunicações, que buscam atingir um objetivo comum. São ações cooperativas que buscam, na maioria das vezes, a solução para problemas comuns às cidades e a maior representatividade das cidades na definição das políticas internas e externas dos governos nacionais.

As redes internacionais de cidades, assim como outras redes, têm um caráter associativo e, consequentemente, não deveriam apresentar um centro hierárquico e uma organização vertical. Sendo assim, as cidades que compõem a rede teriam a mesma representatividade nas decisões tomadas. Já nos casos em que as redes apresentam certa hierarquia, o que, para alguns autores, contraria o conceito de rede, algumas cidades podem ter maior poder de decisão e estas decisões são condicionadas aos valores, objetivos e interesses dos indivíduos que as representam na rede.

As redes internacionais de cidades representam um instrumento de inserção internacional das cidades, um mecanismo de cooperação entre as cidades e um caminho de difusão e discussão de temas que interessam as cidades.

Os efeitos das relações em rede são denominados externalidades das redes. No caso das redes de cooperação, os ganhos estão no aproveitamento das economias de escala e na possibilidade de sinergia adquirida a partir das redes para atingir os seus objetivos em termos de políticas urbanas ou de formação de *lobby* político. Os ganhos estão diretamente ligados com o tipo de utilização que as cidades fazem das redes. A ideia é que as cidades que apresentam participação mais ativa obtêm maiores ganhos.

Rede Mercocidades: Origem, Objetivos e Principais Características

A Rede Mercocidades pode ser compreendida como uma associação formada por cidades de países membros e associados do Mercosul. Está voltada para reivindicação de maior participação dos municípios no processo de integração regional. A meta final é a criação de um ambiente institucional para as cidades dentro do Mercosul.

Viabiliza, ainda, a cooperação internacional entre as cidades da região, compreendida como a troca de experiências, intercâmbios de conhecimento e fóruns de articulação política e defesa dos interesses dos governos municipais.

O processo de criação da Rede Mercocidades se deu em março de 1995, na cidade de Assunção, durante a V Reunião de Prefeitos da Sub-Região Cone-Sul da União das Cidades Capitais Ibero-Americanas – UCCI.

No Encontro Internacional "Mercosul, opções e desafios para as cidades", os intendentes e representantes das cidades elaboraram a Declaração de Assunção. A Declaração expõe o contexto do Mercosul e suas implicações para as cidades, propondo a criação de um Conselho de Cidades do Mercosul, denominado "Mercocidades", que seria conformado a partir de um Encontro de Cidades do Mercosul.

A Rede Mercocidades surge como um movimento de contestação das iniciativas de integração no âmbito do Mercosul. Um grupo de prefeitos que não consideravam as políticas neoliberais como as mais adequadas para o desenvolvimento da região se reúnem e iniciam as discussões sobre a criação de um Comitê de municípios do Mercosul, que tinha o objetivo de gerar uma reflexão maior sobre a integração e de propor uma agenda de integração mais positiva, em termos da integração política e social, consideradas mais adequadas às necessidades da região.

Mesmo que a Rede Mercocidades tenha surgido como um movimento de crítica às políticas neoliberais e ao formato de integração que estava sendo desenvolvido no Mercosul, as suas ações não comprometem as diretrizes da política externa dos governos nacionais da região, mesmo porque as relações são entre cidades da região e cidades de outros países que já apresentam uma relação cooperativa entre os governos nacionais.

A Rede vem crescendo de forma significativa, iniciou com 12 cidades e, atualmente, é composta por 225 cidades membros da Argentina, Brasil, Paraguai, Uruguai, Venezuela, Bolívia, Chile e Peru[1]. Atualmente, todas as cidades do Mercosul e países associados, interessadas no processo de integração, podem solicitar seu ingresso formal na Rede. Todas as cidades associadas têm o direito de votar e ser votadas e participar de todas as instâncias estatutárias. As cidades associadas devem contribuir com cotas ordinárias e contribuições extraordinárias; e respeitar as regulamentações e resoluções sociais.

As cidades estão associadas e integradas por meio de encontros e da internet, dessa forma podem compartilhar informações tais como arquivos de documentos, dados, programas de computadores, entre outros. Dispõem de um site próprio (www.mercociudades.org), que proporciona um meio de comunicação entre cidades que estão distantes entre si e permite a criação de um acervo de informações.

Para cumprir seus objetivos a Rede dispõe da seguinte estrutura: Assembleia Geral de Sócios (órgão máximo de deliberação), composto pelos chefes de governo das cidades associadas; Conselho de Mercocidades (órgão superior de administração), composto por duas cidades titulares e duas cidades suplentes dos países membros, uma cidade titular e uma cidade suplente dos países associados; Comissão Diretiva (organismo de apoio da Secretaria Executiva), composto

1 Para maiores detalhes sobre as cidades associadas, consultar www.mercociudades.org.

pela cidade que estiver exercendo a Secretaria Executiva, a cidade que exerceu a Secretaria Executiva na gestão imediatamente anterior e a cidade que exercerá a Secretaria Executiva na gestão imediatamente posterior; Secretaria Executiva (coordenadora dos trabalhos do Conselho de Mercocidades), exercida, anualmente, por uma cidade membro associada; Unidades Temáticas (responsáveis por temas específicos - Ambiente e Desenvolvimento Sustentável – Autonomia, Gestão e Financiamento Municipal – Cooperação Internacional – Ciência, Tecnologia e Capacitação – Cultura – Desenvolvimento Econômico Local – Desenvolvimento Social – Desenvolvimento Urbano – Educação – Gênero e Município – Juventude – Planejamento Estratégico – Segurança Cidadã – Turismo); Secretaria Técnica Permanente (órgão assessor da Secretaria Executiva).

O caráter horizontal da relação em rede caracteriza-se pela possibilidade de que qualquer cidade associada assuma atividades de coordenação na rede, mas não é o que se observa na realidade. Existe um grupo de cidades que lideram a Rede, assumindo a coordenação das Unidades Temáticas, as Secretarias Técnica e Executiva, o Conselho e a Comissão Diretiva. O que implica que as decisões tomadas pela Rede sejam influenciadas pelos valores, objetivos e interesses dos representantes destas cidades.

As Unidades Temáticas constituem instâncias responsáveis pelo desenvolvimento de temas relevantes da integração intermunicipal. Sua coordenação é descentralizada e a participação é voluntária. É competência de cada uma das 14 Unidades Temáticas formular e propor, dentro de sua área, política comuns para serem sugeridas no âmbito do Mercosul, assim como propor a investigação e a divulgação das experiências desenvolvidas.

No geral, as Unidades Temáticas buscam desenvolver, dentro de suas respectivas áreas de interesses, as seguintes atividades: formalização de um banco de dados sobre suas temáticas; realização e participação em seminários, discussões e cursos; promoção de acordos e convênios para intercâmbio e trocas de experiências nas áreas de interesse.

Existem algumas Unidades Temáticas que avançaram mais no objetivo de consolidar um banco de dados sobre as temáticas de interesse e de promover seminários, palestras e debates para intercâmbio de conhecimentos e experiências, são elas: Ambiente e Desenvolvimento Sustentável; Ciência e Tecnologia; e Desenvolvimento Econômico Local. Entretanto, os documentos disponíveis não relatam projetos de política pública que tenham sido desenvolvidos no âmbito das Unidades Temáticas e que tenham sido implementados nas cidades associadas. Os documentos apresentam as diversas experiências de políticas públicas praticadas por estas cidades, o que é relatado em quase todas as reuniões das UTs e demonstra que têm avançado, principalmente, no intercâmbio das experiências de boas práticas de política pública nas temáticas de interesse.

Desde sua fundação, como já destacado anteriormente, a Rede Mercocidades apresenta uma preocupação com o processo de integração no Mercosul e seus efeitos para as cidades. Além das Declarações, resultantes das Cumbres Anuais da Rede, foram encaminhadas cartas aos presidentes e foram efetuadas visitas junto às Chancelarias, pedindo a inserção das cidades na esfera institucional do Mercosul.

Apesar disto, somente em 2000, foi criada a REMI – Reunião Especializada de Municípios e Intendências do Mercosul[2]. A atuação da Rede Mercocidades na REMI foi representativa,

2 Resolução 90/00 do Grupo Mercado Comum, de 7 de dezembro de 2000.

mas a reivindicação de inserção das cidades no Mercosul não se esgotou. Os representantes da Rede entendiam que a participação nas reuniões especializadas não era suficiente, buscou-se, então, a participação nos foros consultivos.

O resultado foi que, em dezembro de 2004, na Cúpula de Ouro Preto, a REMI foi extinta e foi criado o FCCR - Foro Consultivo de Municípios, Estados Federados, Províncias e Departamentos. O Foro se presta ao diálogo e a cooperação das autoridades de nível municipal, estadual, provincial e departamental dos países do Mercosul entre si e os governos nacionais[3].

A Rede Mercocidades, a partir da Secretaria Executiva, como coordenadora do Comitê de Municípios, tem encaminhado diversas propostas que avançam na discussão sobre a participação das cidades na agenda do Mercosul. Estas atividades se operacionalizam a partir da organização de reuniões do Comitê de Municípios e de encontros, oficinas e cursos que discutem o tema.

Na avaliação da Secretaria Técnica Permanente da Rede Mercocidades[4], o FCCR tem avançado em suas tendências e conseguiu despertar o interesse de outros organismos de fora do Mercosul, mas não tem conseguido consolidar a participação local no âmbito da integração. O mesmo informe destaca que a agenda responde majoritariamente à visão das Chancelarias e de organismos dos estados membros, como é o caso da Secretaria de Assuntos Federativos do Brasil, e não às diretrizes e agenda dos governos locais.

> [...] O fato de a coordenação nacional ter sido baseada nos Poderes Executivo nacionais revelou-se um obstáculo para a constituição de uma agenda própria dos governos subnacionais, levando a uma subordinação

3 Ata de criação do Foro Consultivo de Municípios, Estados Federados, Províncias e Departamentos do Mercosul, disponível em: www.mercociudades.org.

4 Conforme Informe da Gestão da STPM (2008-2009).

> dos eleitos locais a tecnoburocracia do executivo. A resposta positiva a recomendação feita pelo FCCR, em 2007, ao GMC, que se refere à necessidade de uma coordenação exercida por representantes eleitos, facilitaria e promoveria um avanço mais vinculado aos objetivos do Foro [...]. (CAETANO, VÁZQUEZ e VENTURA, 2009, p. 60)

As mudanças no modelo de integração no âmbito do Mercosul, principalmente a partir de 2003, passando para uma integração mais positiva, avançando para além das questões comerciais, ampliando-se as discussões sobre a integração política e social, implica em uma mudança na agenda da Rede Mercocidades, no que diz respeito à integração. Neste novo momento do Mercosul, a Rede Mercocidades apresenta-se como uma rede de cooperação, enfatizando-se o seu perfil de ambiente de cooperação descentralizada, por meio das Unidades Temáticas e das primeiras iniciativas de projetos conjuntos, reduzindo o seu caráter político que foi o motivo de sua criação. As negociações no âmbito do Mercosul não saíram da agenda da Rede, mas não podem ser mais consideradas o motivo de ser da Rede.

Enquanto as Secretarias Executivas anteriores a 2007 estavam mais empenhadas na proposta de fortalecimento institucional de uma instância local na estrutura do Mercosul, na captação de novas cidades para a associação, no fortalecimento do sistema de comunicação da Rede, as Secretarias Executivas mais atuais buscam o fortalecimento institucional da Rede pelo desenvolvimento de projetos de cooperação, estabelecidos a partir da Rede e que atendam as necessidades das localidades. Entre estes projetos, um que parece bastante relevante neste momento, é o Inovação e Coesão Social, iniciado em 2008. O Projeto Inovação e Coesão Social gera capacidades em governos locais para trabalhar de forma conjunta na região.

As atividades realizadas, mais recentemente, para cumprir este objetivo seguiram duas linhas de ação: uma delas foi buscar espaços para capacitação dos quadros técnicos e políticos das cidades associadas e outra foi formular projetos conjuntos com perfil regional para serem apresentados na Comissão Europeia e em outras agências (Informe da STPM 2008-2009).

Algumas Considerações sobre a Rede Mercocidades

O estudo da Rede Mercocidades permite considerar que ela representa um ambiente de cooperação, de difusão e de discussão de temas urbanos. O que propicia às cidades associadas consolidar um conjunto de conhecimentos sobre as temáticas de seu interesse. Existem cidades que são referência em determinados temas e a disseminação destes conhecimentos na Rede viabiliza uma melhoria na qualidade das políticas públicas locais. Estes parecem ser os principais resultados da cooperação desenvolvida na rede, ou seja, a troca de experiências. A grande dificuldade tem sido reverter estas ações em projetos conjuntos, o que viabilizaria ganhos de escala pela relação em rede. Este parece ser o grande desafio da Rede Mercocidades na atualidade.

A evolução da Rede, durante os seus quinze anos de existência, permite algumas considerações: i) o contexto em termos de políticas econômicas e de integração no âmbito do Mercosul que existia no momento de criação da Rede não se mantém na atualidade, com um cenário atual mais favorável para os objetivos da Rede; ii) a evolução no número de cidades associadas mudou o formato da Rede, de uma rede de grandes cidades para uma rede de todas as cidades do Mercosul, acentuando-se, na atualidade, a menor participação das grandes cidades e a maior participação das médias e pequenas cidades; iii) a configuração de um grupo de cidades líderes, com mudança de configuração e redução da participação das cidades brasileiras neste grupo, gerando questionamentos sobre sua característica horizontal; iv) a conformação de uma estrutura de funcionamento que não comporta o crescimento das cidades associadas; v) redução de seu prestígio, com a participação menor das grandes cidades e com a presença reduzida dos intendentes e prefeitos em suas Cumbres; vi) existem avanços significativos na incidência das cidades sobre as decisões do Mercosul, mas ainda sem consolidação; vii) conformação de um ambiente de geração de conhecimento e capacitação para as cidades em temas de seu interesse, por meio dos convênios, das parcerias e das Unidades Temáticas; vii) avanços recentes na promoção de projetos conjuntos entre as cidades; ix) dificuldade em mensurar os resultados e em disseminar as informações sobre o que acontece no âmbito da Rede; x) dificuldade em consolidar a participação da sociedade civil e gerar um reconhecimento internacional e dos governos nacionais da região.

Os atores envolvidos nestas relações são principalmente os gestores públicos municipais (eleitos ou profissionais do setor público municipal), enfatizando um perfil seletivo da participação ou de menor participação de outros agentes da sociedade civil. O que demonstra certa debilidade do modelo de participação, uma vez que a proposta é que as redes tenham um caráter mais democrático e que as medidas tomadas apresentem como característica a participação dos principais agentes interessados.

Sendo assim, as limitações da Rede Mercocidades podem ser resumidas em: i) as estratégias nem sempre são acompanhadas por medidas conduzidas de forma linear, ou seja, podem existir descontinuidades políticas que dificultam que os objetivos de desenvolvimento sejam alcançados; ii) as agendas implantadas na rede nem sempre respondem às expectativas de todas as cidades, dada a diferença no perfil das cidades e a dificuldade que algumas cidades têm em interagir ou em atuar de forma mais ativa na rede, muitas vezes pelo custo envolvido nesta atuação mais ativa e pelo poder desenvolvido por um grupo de cidades e de indivíduos que atuam na rede; iii) existe dificuldade de coordenação das atividades pelo caráter horizontal da rede e a possibilidade de que qualquer cidade possa assumir funções de coordenação; iv) existe dificuldade no desenvolvimento de projetos conjuntos pela necessidade de coparticipação e pela dificuldade de algumas cidades financiarem sua participação; v) é difícil mensurar os benefícios gerados pela participação na rede e, consequentemente, de apresentar aos diversos atores políticos locais os efeitos positivos destas ações, além de dificultar as correções de rumos da própria agenda da rede.

Além de superar estas limitações, existem questões importantes que necessitam maior reflexão, como a necessidade de organizar uma divulgação mais sistemática da dinâmica da Rede Mercocidades na opinião pública, por intermédio dos meios de comunicação (TV, jornais, revistas, etc.), e uma presença mais ativa de ONGs, movimentos sociais, igrejas, nas Unidades Temáticas e nos projetos em curso. A organização da Rede Mercocidades precisa, ainda, criar mecanismos para superar as descontinuidades políticas, provocadas por mudanças eleitorais, os obstáculos de coordenação e financiamento de suas atividades e as dificuldades de mensuração dos resultados da participação.

Referências

BARRETO, Maria Inês; MARIANO, Marcelo P. Questão Subnacional e integração regional: o caso do Mercosul. In: VIGEVANI, Tullo; WANDERLEY, Luiz Eduardo; (orgs.). *A dimensão subnacional e as relações internacionais.* São Paulo: Editora PUC/Editora UNESP/CEDEC/FAPESP, 2004.

CAETANO, Gerardo; VÁZQUEZ, Mariana e VENTURA, Deisy. *Reforma institucional del Mercosur.* Análisis de um reto. Documento de Trabalho. Montevidéu: CEFIR – Centro de Formação para a Integração Regional, dezembro de 2008.

CAETANO, Gerardo (coord.). *La reforma institucional del Mercosur:* Del diagnóstico a las propuestas. Montevidéu: CEFIR – Centro de Formação para a Integração Regional, 2009.

CAPELLO, Roberta. *The city network paradigm*: measuring urban network externatilies. Urban Studies, v. 37, n 11, 2000.

DESSOTTI, Fabiana R. Cooperação Descentralizada: Uma Inovação nas Políticas Públicas de Desenvolvimento Local. 5º *Congrès de l'Institut Franco-Brésilien d'Administration dês Entreprises* - IFBAE, 18 e 19 de maio 2009 – IAE de Grenoble – France.

______. Rede Mercocidades. *VI Encontro Internacional do FoMerco:* Os Novos Rumos do Mercosul, 12 e 14 de setembro 2007 – Universidade Federal de Sergipe – Brasil.

______. Rede Mercocidades: moldura institucional, objetivos e estrutura. *Relatório Científico Projeto:* Gestão Pública e Inserção Internacional das Cidades. São Paulo: CEDEC, PUC e UNESP, 2007.

DESSOTTI, Fabiana R. e PRADO, Ivan. Redes internacionais de cidades: mecanismo de inserção internacional das cidades na busca de desenvolvimento local. *V Congresso Latino-americano de Ciência Política:* Integración, Diversidad y Democracia em tiempos Del Bicentenario - Buenos Aires, 28 a 30 de julho de 2010.

DOMÈNECH, Rafael B. *Redes de ciudades y externalidades.* Tese de Doutorado apresentada ao Departamento de Economia aplicada da Universidade Autônoma de Barcelona, 2003.

Foro consultivo de municípios, estados federados, províncias e departamentos do mercosul. Disponível em: www.planalto.gov.br/sri/foro_consultivo/info_foro.html.

GAYARD, Nicole A. Paradiplomacia na cidade de São Paulo: uma análise empírica da inserção internacional do município. *Relatório Científico Projeto:* Gestão Pública e Inserção Internacional das Cidades. São Paulo: CEDEC, PUC e UNESP, 2007.

KLEIMAN, Alberto e RODRIGUES, Gilberto. The Mercosur Comittee of Municipalities, States, Provinces and Departments. Process of creation and perspectives. Paper prepared for the *Fifth Annual Conference of the Euro-Latin Study Network on Integration and Trate (elsnit).* Barcelona: 26 e 27 de outubro de 2007.

MALÉ, Jean-Pierre. Especificidades de la Cooperación Descentralizada Pública: Atores, Contenidos y Modelos. *1ª Conferência Anual do Observatorio de la Cooperación Descentralizada Unión Europea-América Latina.* Montevideo: Observatório de Cooperación Descentralizada, 2006.

MARIANO, Karina L. P. e MARIANO, Marcelo M. Governos subnacionais e integração regional: considerações teóricas. WANDERLEY, Luiz E. W. e VIGEVANI, Tullo (orgs.). *Governos subnacionais e sociedade civil:* Integração Regional e Mercosul. São Paulo: EDUC; Fundação Editora da Unesp; Fapesp, 2005.

MENEGHETTI NETO, Alfredo. *Redes de Cidades:* Cooperação, estratégias de desenvolvimento, limitações constitucionais e divergências – o Caso da Rede Mercocidades. Tese de Doutorado, PUC/RS, 2002.

OROÑO, Abel. La cuestión local en el Mercosur. Estado de situación, desafíos y temas para una nueva agenda. In: CAETANO, Gerardo (coord.). *La reforma institucional del Mercosur:* Del diagnóstico a las propuestas. Montevidéu: CEFIR – Centro de Formação para a Integração Regional, 2009.

REDE MERCOCIDADES. *Atas, Declarações, Informes, Resoluções e outros documentos oficiais.* Disponível em: www.mercocidades.org.

ROMERO, Maria Del Huerto. Poder local y relaciones internacionales en contextos de integración regional. El caso de la red de mercociedades y la Reunión Especializada de Municipios e Intendencias (Grupo Mercado Común). In: VIGEVANI, Tullo; WANDERLEY, Luiz Eduardo; (orgs.). *A dimensão subnacional e as relações internacionais.* São Paulo: EDUC; Fundação Editora da UNESP; EDUSP, 2004.

______. Aportes de la cooperación descentralizada Unión Europea-América Latina a la cooperación territorial en América Latina: elementos para el debate. Colleción de Estúdios de Investigación Número 1. *Observatório de Cooperación Descentralizada Unión Europea-América Latina.* Montevideo: Observatorio de Cooperación Descentralizada, 2007.

______. Nuevos Enfoques em la Cooperación Internacional: La cooperación descentralizada y el Programa URB-AL de la Comissión Europea. *Observatorio de Cooperación Descentralizada.* Bruxelas: Comisión Europea, 2005.

______. *Uma Aproximación Contextual y Conceptual a la Cooperación Descentralizada.* Observatorio de Cooperación Descentralizada. Valparaíso: Ilustre Municipalidad de Valparaíso y Diputación de Barcelona, 2004a.

VIGEVANI, Tullo; WANDERLEY, Luiz Eduardo W.; BARRETO, Maira Inês; MARIANO, Marcelo P. *A dimensão subnacional e as relações internacionais.* São Paulo: EDUC; Fundação Editora da UNESP; EDUSC, 2004.

WANDERLEY, Luiz Eduardo W.; VIGEVANI, Tullo (orgs.). *Governos subnacionais e sociedade civil:* Integração Regional e Mercosul. São Paulo: EDUC; Fundação Editora da Unesp; Fapesp, 2005.

O JOGO POLÍTICO-PARTIDÁRIO NO LEGISLATIVO ANDREENSE DE 1952

MARLY MARIA CAMMAROSANO KOPCZYNSKI*

* Mestre em História pela Pontifícia Universidade Católica de São Paulo-PUC. Professora dos cursos de Economia e Relações Internacionais do Centro Universitário Fundação Santo André (CUFSA).

Resumo

O jogo político-partidário no legislativo andreense só pode ser compreendido num contexto histórico mais amplo, a transição do regime autocrático da era Vargas para o regime democrático que se estruturou com a Constituição de 1946.

O novo regime político estabeleceu a descentralização do poder e implantou a autonomia municipal; a atividade parlamentar dos vereadores de Santo André, em 1952, atestou entraves legais para o exercício da autonomia política.

A câmara municipal se constituiu em dois grupos políticos: a "situação", formada pela coligação (PDC, PRP, PTB, PTN, PSB e UDN) e a "oposição" (PSP). O jogo político-partidário se iniciou na composição da mesa, ficando a oposição alijada do poder.

Não obstante essa postura, os vereadores, independentes dos seus partidos políticos, se compuseram para as soluções dos problemas de habitação e educação, encaminhando propostas às esferas competentes.

A "oposição" se restringiu a algumas críticas ao prefeito e não adotando postura ideológica definida, foi cooptada pelo grupo hegemônico, comprometendo a consolidação da cidadania, sustentáculo da democracia.

Palavras-chaves

Democracia, autonomia, hegemonia e partidos políticos.

Abstract

The political party game at the Legislative Council of Santo Andre can only be understood through a wider historical context, from the transition of the autocratic regime of the Vargas age to the democratic one, which was structured by the 1946 Constitution.

The new political regime established a power decentralization and implemented the municipal autonomy; the parliamentarian activity of the councilmen of Santo Andre and certified legal impediments for the political autonomy conduction in 1952.

The city council consisted of two political groups: the situation which consisted of the colligation (PDC, PRP, PTB, PTN, PSB and UDN) and the opposition (PSP). The political party game began at the cabinets composition and the opposition was unloaded of the power.

Apart from this position the councilmen, independent from their political parties, organized themselves for the solutions regarding the housing and education problems, directing proposals to the competent area.

The opposition restricted itself to some criticisms to the major and by not adopting a defined ideological positions, was co-opted by the hegemonic group, compromising the citizenship consolidation, as a support for the democracy.

Keywords

Democracy, autonomy, hegemony and politics party.

Introdução

Analisar o jogo político-partidário no legislativo andreense em 1952, inserido no processo de constitucionalização do país, requer a análise do contexto histórico do país, o da transição do Estado Autocrático (de 1937 a 1945) para o Estado Democrático, que se iniciou com a Constituição de 1946.

A Carta Constitucional de 1937 instaurou o Estado Autocrático como necessidade, alegada por Getúlio Vargas, objetivando por fim à situação política vigente que poderia levar o país à desintegração, colocando em risco a soberania nacional (SOLA, 1971).

Ao findar esse período histórico, uma nova ordem política se enunciou, estabelecida pela Constituição Federal de 1946, consagrando o regime democrático representativo, a Federação e a República. Estabeleceu ainda a autonomia municipal, que segundo Meirelles (1985), ficou assegurada em autonomia política, administrativa e financeira.

O novo período estabeleceu a descentralização do poder que deveria se concretizar num processo gradual.

Nesse contexto, a análise da atuação do legislativo andreense, permitiu o conhecimento de denúncias dos vereadores quanto à questão da autonomia e entraves no exercício do poder, obstáculos à nova práxis política.

Estas questões se complementam com considerações a respeito dos partidos políticos que segundo Henriquez (1997), em um estudo sobre a América Latina, salientou a falta de solidez dos mesmos que não correspondiam à função de intermediação entre a sociedade civil e o Estado, impedidos de cumprir o rol democrático nas suas atuações.

Segundo o estudo de Motta (1971), os movimentos políticos e os partidos políticos no Brasil correspondem às estratégias utilizadas para o domínio do poder. Examinar essas premissas no contexto histórico referido implica detectar qual o grupo político que assumiu a hegemonia, entendida como

> o conjunto de funções de domínio e direção exercido por uma classe dominante, no decurso de um período histórico, sobre outra classe social e até sobre o conjunto das classes da sociedade. (MOSCHCOVITCH, 1988, p. 20)

A análise desses eixos temáticos tem como cerne a pesquisa documental dos Anais da Câmara Municipal de Santo André, no ano de 1952 e envolveu discussões, requerimentos, projetos de leis e indicações, referentes ao trabalho dos edis.

O Estado Autocrático e sua Destituição

Getúlio Vargas, assumindo o poder com a Revolução de 1930, outorgou a Carta Constitucional de 1937, consolidando o Estado Autocrático. Ao presidente eram atribuídos plenos poderes executivo e legislativo, concretizando a centralização do poder federal e a hegemonia do Estado. Interventores foram nomeados para a chefia dos governos municipais e eram supervisionados pelo Departamento Administrativo do Serviço Público (DASP), subordinado ao Ministério da Justiça, cujo diretor era nomeado pelo presidente.

Complementando a centralização do poder, o Congresso foi dissolvido e Getúlio teve o cuidado de não criar partido governista algum, o Estado Novo não produziu novos partidos políticos. Esta estrutura de poder se prolongou até 1945.

Nos últimos anos de governo, Getúlio Vargas se conscientizou de que a ditadura não sobreviveria à Segunda Guerra Mundial; antevia o momento em que o sistema político seria reaberto, repousando no processo eleitoral. Para enfrentar essa reabertura política, preparou a sua base política assentada em três pilares: a legislação da Previdência Social (assistência médica, aposentadoria e pensões aos trabalhadores) da classe operária, para ganhar a lealdade destes; nova estrutura sindical, controlada pelo governo, colocando agentes (pelegos) em posições de liderança e um partido trabalhista, de coalizão dos sindicatos e das forças "progressistas", adotando programas de industrialização e o nacionalismo econômico.

Getúlio Vargas estabeleceu assim os alicerces para surgir como líder democrático.

A consolidação das Leis do Trabalho, elaborada em 1943, ampliou as prerrogativas do trabalhador da cidade, que ficou mais protegido contra as pressões patronais. Novas técnicas de propaganda e de manipulação "das massas" surgiram com o nome de "trabalhismo", reforçando a identidade emocional entre os trabalhadores e Vargas. A relação personalista entre Vargas e o populismo passou a ser uma constante na vida nacional.

Ainda em 1943, Vargas prometeu que após a guerra, reestruturaria a política do país com consulta ao povo; em1944, a promessa foi repetida.

Movimentos intelectuais e políticos de Minas Gerais pediam a redemocratização do país. O governo, diante das pressões, editou um Ato Adicional estabelecendo que em noventa dias seria baixado um decreto fixando a data das eleições, que foi marcada para 02/12/1945.

Com as eleições marcadas, as forças políticas voltaram a se organizar em partidos: o Partido Social Democrático (PSD), criado sobre as bases das burocracias administrativas e controlado por Vargas, apoiou Eurico Gaspar Dutra e a União Democrática Nacional (UDN) apoiou Eduardo Gomes. Os "queremistas" clamavam pela candidatura de Vargas e o Partido Trabalhista Brasileiro (PTB) estava sendo organizado por Vargas, objetivando unir as massas e os trabalhadores.

Nesse momento, Getúlio inclinava-se para a esquerda na sua política interna e elaborou um decreto antitruste, proporcionando a desapropriação de organizações que lesassem o interesse nacional, objetivando estabilizar o custo de vida com a proibição de monopólios, trustes ou cartéis. Esta medida provocou indignações no grupo da direita.

O último ato de Vargas ocorreu quando substituiu João Alberto, chefe da polícia do Distrito Federal e nomeou seu irmão, Benjamim Vargas para esse posto. Isto motivou o ministro do Governo, Góes Monteiro a mobilizar a opinião dos oficiais em apoio a um golpe para depor o presidente. Dutra apresentou o ultimato a Getúlio: retirar a nomeação do seu irmão ou enfrentar a deposição pelo Exército. Vargas recusou. O general Oswaldo Cordeiro de Farias foi enviado para informar a Vargas que o seu governo havia terminado. Ciente da impossibilidade de reação, Getúlio foi para o seu exílio, no Rio Grande do Sul.

O presidente foi deposto assim pelo alto comando do Exército e os militares assumiram o poder.

Realizadas as eleições em 1945, foi eleito o general Eurico Gaspar Dutra, do PSD e apoiado pelo PTB. No ano seguinte, foi eleita a Assembleia Constituinte, com representantes das principais forças partidárias do país: PSD, UDN e PTB.

A Constituição Federal, promulgada em 1946, possibilitou a implantação do regime democrático no país, embasada em princípios da liberal democracia, assim enunciados: estado de direito, com seus estatutos legais, *habeas corpus* e defesa judicial; organização político-partidária, permitindo a livre manifestação das diversas tendências políticas; organização de instituições de massa que permitiam participação na vida política; liberdade de expressão, de crítica e de reivindicação e direito de greve assegurado aos trabalhadores.

A Lei Magna consagrava a forma federativa, a autonomia dos poderes. A república presidencialista, o voto secreto universal para maiores de 18 anos, excetuando-se os analfabetos, cabos e soldados.

Santo André: Competências e Composição Municipal

O Art. 28 da Constituição Federal de 1946 estabeleceu a autonomia municipal quanto à eleição do prefeito e vereadores; administração própria e especialmente à decretação de tributos de sua competência; aplicação das suas rendas e à organização dos serviços públicos locais.

Do ponto de vista jurídico, o município é pessoa jurídica de direito público interno de administração direta, dotada, constitucionalmente, de autonomia político-administrativa, com capacidade de ter governo próprio e de legislar no âmbito de sua competência, para a consecução de seus interesses peculiares e realização de suas finalidades locais (DINIZ apud CHALITA, 1999).

O município, na década de 50, tinha suas funções estabelecidas pela Lei Orgânica dos Municípios do Estado de São Paulo. Competia a ele privativamente: decretação e arrecadação dos tributos; organização dos serviços administrativos e de seus bens; desapropriação; concessão de serviços públicos locais e dispor sobre áreas urbanas entre outros assuntos.

À Câmara Municipal cabia especificamente legislar, com a sanção do prefeito e, de acordo com o Art. 34, eleger a mesa diretora; dar posse ao prefeito e conceder-lhe licença para se ausentar do município, fixar o seu subsídio, julgar suas contas e solicitar informações referentes à administração. Esse rol de atribuições era restrito em se comparando com as funções da Câmara de Vereança, no séc. XVI, cujas funções eram legislativas, executivas e judiciárias (KOPCZYNSKI, 1980).

A Câmara de Santo André, na legislatura de 1952 a 1955, era composta por 23 vereadores, representantes dos partidos políticos: Partido Democrata Cristão (PDC), Partido de Representação Popular (PRP), Partido Social Progressista (PSP), Partido Trabalhista Brasileiro (PTB), Partido Trabalhista Nacional (PTN), Partido Socialista Brasileiro (PSB), Partido Social Democrático (PSD) e União Democrática Nacional (UDN).

Após a posse dos vereadores em sessão solene do dia 1º/01/1952, presidida pelo MM. Juiz de Direito da Comarca da Capital, a sessão foi suspensa para a eleição da mesa para o ano de 1952, que ficou assim constituída: Presidente: Millo Cammarosano-PDC-16 votos, Vice-Presidente: Syr de Oliveira Evangelista Martins-PSB-15 votos, 1º Secretário: Armando Neves-UDN-16 votos, 2º Secretário: João Caleffi-PTN- 16 votos e 3º Secretário: Francisco Arnoni-PTN- 16 votos. Em branco: 07 votos.

Com a composição da mesa iniciou-se o jogo político-partidário, de um lado, a coligação formada pelo PDC, PRP, PTB, PTN, PSB, PSD e UDN, responsável pela eleição do prefeito Fioravante Zampol e do vice-prefeito Pedro Del'Antonia e de outro, a oposição, constituída por 7 vereadores do PSP.

Quanto à formação das comissões permanentes, seguindo o regimento interno, assegurou-se a representação proporcional dos partidos, onde o PSP garantiu a sua participação em todas as comissões: Justiça e Redação; Finanças e Orçamento; Obras e Higiene, Saúde Pública e Assistência Social, Educação e Cultura.

Os vereadores eleitos representavam diferentes segmentos da camada média da população especialmente profissionais liberais como Millo Cammarosano, Luis Lobo Neto e Clóvis Sidney Thon, advogados; Antônio Pezzolo, engenheiro e Noêmio Spada, professor.

O comando da Câmara estava com a coligação da vitória, não sem protestos da oposição que se expressou no discurso de posse do vereador Benedito de Castro, líder da bancada do PSP que afirmou ser a maior bancada na Câmara, mas não lhe coube sequer a terceira secretaria.

Estava posto o jogo do poder; os que não compuseram com a situação ficaram alijados do poder e o PSP, isolado, se tornou a minoria na Câmara Municipal.

Atuação Parlamentar: Situação e Oposição

Na sessão de posse, o vereador Syr Martins, PSB, falando em nome da coligação, enfatizou a instauração de um governo municipal de cunho pluripartidário e o proposto da ação conjunta e harmônica do Legislativo e Executivo, objetivando solucionar problemas da população injustiçada, oprimida, prejudicada por falta de ônibus nos horários estabelecidos; pelos injustos e onerosos tributos e os que são enganados pelos patrões (Anais da Câmara de Santo André, v. I, sessão 10/01/52, p. 7). Firmou-se assim, publicamente, o objetivo de trabalhar pelo bem comum.

Para analisar o jogo partidário, numa amostragem, selecionou-se os temas habitação e educação, tratados no contexto municipalista, onde se defendia a autonomia municipal.

Destaca-se que embora o PSP estivesse na oposição e fizesse algumas críticas à administração, própria do jogo político, aprovou projetos com a situação, pela sua importância comunitária ou para evitar o ônus do desgaste político.

Habitação

Na década de 50, o problema da habitação já se fazia presente. Mesmo não sendo competência direta do legislativo, no seu sentido restrito, os vereadores se mobilizaram conjuntamente para minimizar a questão. Foi sugerida, ao prefeito, a construção de um grupo residencial da Fundação das Casas Populares, tendo como recursos financeiros a existência da verba de 200 milhões de cruzeiros para ser aplicada em 1952, o que poderia redundar em aproximadamente 300 casas populares, segundo o cálculo dos políticos.

É interessante destacar que o vereador Pezzolo, PSP, na mesma época, fez indicação ao prefeito para que se obtivesse do Presidente da República, o empréstimo de 300 milhões de cruzeiros junto ao IAPI, solicitado há dois anos, com a finalidade de resolver o problema de água e esgoto em Santo André. Apreende-se que mesmo com a situação precária da habitação, a infraestrutura de água e esgoto era prioridade, a ponto de se sugerir o desvio de verbas do setor de habitação para o de águas e esgoto.

Vereadores acompanharam o processo do empréstimo, deslocando-se para o Rio de Janeiro e São Paulo, onde souberam que o Presidente do IAPI se colocou contra a concessão do empréstimo, cuja verba seria desviada. Apesar dos esforços, o empréstimo não foi obtido.

Polêmica maior foi suscitada pelo PSP a respeito da construção das Casas Populares, no bairro Santa Terezinha. O vereador Pezzolo, em requerimento ao prefeito, solicitou informes para saber se as plantas das construções foram aprovadas pelo setor de obras e se os arruamentos observavam as normas de urbanismo. A justificativa da solicitação era devido aos vendavais que provocavam danos nas casas, evidenciando a fragilidade das construções. O próprio vereador invocou o Decreto 9.777 que estabelecia que a Fundação das Casas Populares, por ser órgão federal, não tinha que dar satisfação às prefeituras. Por conta disso, o prefeito já havia interposto recurso ao Conselho Central da Fundação, apontando as irregularidades nas construções. O recurso ficou sem resposta e a construção teve continuidade.

O vereador Rhein (PRP) sugeriu que se recorresse ao poder Judiciário, não cabendo culpa aos poderes executivo e legislativo sobre a questão da construção. O caso foi remetido à Comissão de Justiça da Câmara. Defendendo a inconstitucionalidade do Decreto 9.777, o vereador destacou que a lei estadual garante a autonomia municipal e a lei Orgânica dos Municípios, Art. 16, estabeleceu que compete ao município regular as construções e arruamentos em terrenos particulares.

Com esses embasamentos legais, encaminhou-se ofício ao presidente da República e ao presidente do Senado, solicitando a revogação do Art. 12 do referido decreto que estabelecia que "A Fundação da Casa Popular não ficará obrigada às posturas municipais no que concerne ao loteamento e às características da habitação".

A questão municipalista tomava consistência, suscitada pelos problemas municipais que encontravam entraves nas soluções em virtude da pouca autonomia dos municípios.

A corrente municipalista iniciava a luta pela descentralização do poder, como se constata com a presença do vereador paulistano, Antônio de Toledo Piza à Câmara andreense que em discurso, afirmou que a Lei Orgânica deveria atribuir ao município maior soma de poderes, de independência nos assuntos de seus interesses; defendeu, em continuidade, que mais rendas deveriam ir para os municípios para prover competências do Estado e da União que fossem transferidas para o mesmo (Anais da Câmara de Santo André, v. VI, sessão extraordinária de 08/07/52, p. 7).

Educação

A Lei Orgânica mal alinhavava a competência municipal no âmbito educacional, referindo-se apenas que cabe ao mesmo, "concorrentemente com o Estado e supletivamente a ele: promover o ensino, a educação e a cultura populares" (Lei nº1, 18/07/1947, Art. 16, p. 216).

A competência maior ficava na responsabilidade do Estado e da União.

Por solicitação do presidente da Câmara, Millo Cammarosano, a prefeitura enviou a relação das escolas do município: 55 escolas isoladas estaduais; 45 escolas isoladas municipais e 12 escolas particulares. As escolas municipais ministravam o ensino das primeiras séries do 1º grau (primário) e as estaduais ministravam o 1º grau completo.

O colégio "Dr. Américo Brasiliense", atendia o 1º e 2º graus, confirmado pela aprovação na Câmara Municipal, lei 692/52, que concedia um crédito de cinco mil cruzeiros aos laboratórios de física, história natural e química, desse estabelecimento de ensino. Foi instalada ainda a Escola Normal, anexa ao colégio estadual, Projeto do deputado estadual Antonio Fláquer. Devido à precariedade das instalações, justifica-se a indicação do vereador Benedito de Castro, PSP, ao presidente da Câmara, a nomeação de uma comissão, que seria composta pelo próprio presidente da Câmara, pelo deputado Antonio Fláquer, pelo prefeito e pelo diretor da EEPSG Dr. Américo Brasiliense, professor José do Amaral Wagner, para encaminhar o pedido da construção de um prédio próprio para essa escola.

Além das indicações dos vereadores para a construção de salas de aulas, havia a cunha política em questões de âmbito interno, como a lotação de cargos, uma constante no trabalho dos edis, como atestam os Anais da Câmara, nos quais, por indicação do vereador Rhein, PRP, foi solicitado à Secretaria de Educação Municipal, que fosse lotado um dentista na escola Carlina Caçapava de Melo. Esta questão não necessitaria de intermediação política, podendo ser resolvida por via burocrática no próprio sistema de educação.

Outra questão que demandava interesse dos edis era a continuidade dos estudos dos alunos carentes, levando o vereador Amazonas, UDN, a solicitar ao prefeito a regulamentação da Lei 522/49 que instituiu bolsas de estudo para os alunos que tivessem concluído o curso primário. Essa era uma das leis que ainda, em 1952, não fora regulamentada, portanto, uma "lei morta".

Projeto de lei para a criação da Biblioteca Pública Municipal e Museu de Arte e objetos históricos de Santo André, foi elaborado pelo vereador Spada, com verba que seria deslocada do ensino primário e secundário; as justificativas eram de que o município tinha 4 ginásios, 2 colégios, 1 escola normal, 2 escolas de comércio, 1 escola profissional e o SENAI e a Constituição Estadual estabelecia que na cidade com população superior a 20 mil habitantes, o Estado deveria organizar e manter uma biblioteca pública.

A Escola Júlio de Mesquita era também motivo de preocupação visto que o município não poderia arcar com suas despesas; a esse respeito tramitava na Assembleia Legislativa do Estado, projeto do deputado Antonio Fláquer, que previa a transformação da referida escola em escola técnica, solicitando ao Estado sua encampação. Para que isso ocorresse, haveria a necessidade de doação do prédio pelo município. Para resolver o impasse, o vereador Figueroa, PSP, solicitou ao prefeito um projeto de lei que contemplasse a doação.

Pela amostragem referida, os vereadores do PSP, UDN e PTB, foram os que mais atuaram na área da educação, não havendo obstrução alguma dos partidos, sobretudo o da "oposição".

Questões Político-Partidárias

Ao jogo político-partidário importa saber até que ponto o poder legislativo exerceu suas funções, sobretudo fiscalizando o poder executivo. Foi constatado que a competência dos vereadores era restrita, sendo exercida, na maioria das vezes, por indicações e requerimentos ao prefeito e por projetos de lei, de âmbito restrito. O trabalho legislativo, em 1952, ocorreu sem obstruções e a fiscalização, de competência política da "oposição", o PSP, ficou reduzida a alguns episódios.

A questão das licitações foi um dos motivos de interpelação do vereador Fernando Figueroa ao prefeito Zampol, na tribuna da Câmara, pela anulação da concorrência pública, que transcorreu de acordo com o Decreto 15.783, do Código de Contabilidade Pública: propostas abertas, lidas diante dos proponentes e publicadas em editoriais com confronto dos preços e classificação dos candidatos. O vereador finalizou a exposição levantando duas hipóteses: incapacidade dos responsáveis pela licitação ou arranjo para privilegiar alguns concorrentes.

Em defesa do prefeito, o presidente da Câmara, Millo Cammarosano afirmou que no mandato passado ocorreu semelhante questão e não houve protesto algum, inclusive do vereador Figueroa, na época também vereador, pois houve respaldo legal e possibilidade de recurso aos que se julgassem injustiçados. Nesse caso, o prefeito, seguindo os ditames das leis, o Decreto 15.783 e a Lei Orgânica dos Municípios, anulou a licitação por desvios de documentos. A questão suscitada, após esclarecimentos, não teve continuidade.

Indicação solicitando informes ao prefeito sobre funcionários prestando serviços na junta militar e seus respectivos vencimentos, foi rejeitada pela situação. A oposição acusou os vereadores da situação de cercearem a democracia ao rejeitarem o pedido, garantido por lei; mas, a rejeição foi mantida. Esta posição sinalizava à oposição que obstruções ou determinadas críticas, sobretudo ao prefeito, não seriam admitidas.

Ainda na atividade de fiscalização, a oposição, PSP, e a situação, PRP, se compuseram, indicando ao prefeito que se estabelecesse obrigatoriamente, na forma legal, publicação de todos os atos praticados pelo executivo, para conhecimento público; isto significou uma conduta política de se exercer a crítica construtiva.

A "oposição" passava da crítica construtiva aos elogios, aplaudindo o prefeito pela construção de grupos escolares em Camilópolis e Parque das Nações. O vereador Pezzolo (PSP), enalteceu os serviços de água que o prefeito vinha realizando; uma declaração conjunta do PSP (oposição), PTN e PSB, enaltecia o prefeito pelo alargamento da estrada de rodagem que ligava Santo André a São Bernardo.

Essas posições políticas se constituíram numa tônica geral no decorrer de 1952: algumas críticas e muitos aplausos ao executivo.

O jogo político-partidário foi explicitado pelo vereador Rhein que definiu o eixo político-partidário ao afirmar que na Câmara se defrontavam dois grupos: um, constituído pela coligação interpartidária e outro, pelo PSP. Afirmou, textualmente:

> Concluímos que não houve oposição no sentido lato da palavra, não houve nesta casa oposição ao governo municipal, porque o PSP, seguindo suas tradições, se manteve a altura dos interesses do município. Todas as vezes que os interesses do município estavam em jogo não houve aqui dois partidos, não houve aqui duas correntes partidárias, não houve aqui duas lanças, uma contra a outra; houve sim a defesa do interesse público. Não lutaram aqui os interesses mesquinhos e individualistas, mas sim o interesse sempre elevado de bem servir ao público, de bem servir ao município. (ANAIS DA CÂMARA DE SANTO ANDRÉ, v. XIII, sessão do dia 23/12/52, p. 4).

A última sessão mostrou, segundo os próprios vereadores, um grupo monolítico, independentemente dos paridos que representavam O vereador Figueroa, da “oposição”, elogiou a condução dos trabalhos do presidente Millo Cammarosano, afirmando que se ocupar a presidência no próximo ano, já que foi eleito para a vice-presidência, gostaria de se poder conduzir como o presidente se conduziu.

Portanto, a “oposição” se compôs com a situação, foi cooptada, consumando-se assim a hegemonia da coligação da vitória.

Considerações Finais

A burguesia implantou uma democracia representativa de maneira lenta e gradual, com abertura de processos políticos, uma democracia formal, maneira mais estável e menos onerosa para manter o controle da sociedade.

O Brasil adotou a tendência europeia ao implantar uma democracia formal, indiferente ao conteúdo político-ideológico.

A democracia não pode ser reduzida a uma estrutura legal, de leis, mas implica, sobretudo, em soberania, em autonomia e em busca da igualdade social. A autonomia tem como premissa a descentralização, que na concepção de Montoro “é colocar o governo mais perto do povo e por isso, torná-lo mais participativo, mais eficiente, mais democrático” (MONTORO apud CHALITA, 1999).

A Câmara andreense, em 1952, se norteou pela vigência da construção democrática municipal, período de intervalo significativo entre longos períodos de autocracias e regimes populistas, impostos ao país.

O poder legislativo andreense, nesse contexto, buscou a estrutura de um processo democrático, que requeria a explicitação legal de uma autonomia mais ampla para atender às necessidades do povo. A autonomia municipal andreense estava longe ainda de ser uma realidade, dava os primeiros passos para a sua concretização.

Os partidos políticos andreenses, tanto da "oposição", o PSP, como os da "situação", no jogo político-partidário, não se explicitavam ideologicamente e se o faziam, suas práxis políticas, apontavam pela indefinição da mesma. Portanto, não cumpriu na íntegra, o papel de intermediação entre o povo e o Estado, razão primordial de suas existências.

A "oposição" foi cooptada pelo grupo hegemônico em prejuízo de uma luta mais concreta para abrir espaços e consolidar a cidadania. Cidadania não somente na conquista dos direitos dos cidadãos, mas com a participação efetiva das pessoas nos instrumentos de poder que orientam as opções para a produção e distribuição da riqueza social, para a concretização de uma sociedade mais justa.

Com essas ressalvas, o momento político que teve como agentes históricos os vereadores andreenses, representa o início do regime democrático, objetivando a construção de uma nova sociedade, que pode ser retratada pelas palavras:

> En el mundo de hoy, como en todos los tiempos pasados, sólo la pertenencia a una comunidad política libre e independiente nos puede garantizar la aspiración a una sociedad mejor, a la búsqueda interminable de lo imposible: la sociedad perfecta. (HENRIQUEZ, 1997, p. 4)

Referências

CHALITA, Gabriel. *A Ética dos governantes e dos governadores.* Guarulhos: Parma, 1999.

BRASIL. *Constituição dos Estados Unidos do Brasil.* Câmara dos Deputados. Brasília: Diretoria de Documentação e Publicidade, 1964.

HENRIQUEZ, Hugo A. *Derechos humanos*: uma aproximición a la politica. La Habana: Editorial de Ciencias Sociales, 1997.

KOPCZYNSKI, Marly Maria C. *Estrutura do poder numa economia de subsistência.* São Paulo de Piratininga: 1580 a 1640. Dissertação (Mestrado em História). Pontifícia Universidade Católica de São Paulo, São Paulo, 1980.

MEIRELLES, Hely L. Direito municipal brasileiro. 5. ed. *Revista dos Tribunais*, São Paulo, 1985.

MOCHCOVITCH, Luna G. *Gramsci e a escola.* São Paulo: Ática. 1988.

MOTA, Carlos Guilherme. *O processo político partidário brasileiro de 1945 ao plebiscito.* 3. ed. São Paulo: Difusão Européia do Livro, 1971.

MOTTA, Paulo Roberto. *Movimentos partidários no Brasil.* Rio de janeiro: Fundação Getúlio Vargas, 1971.

SANTO ANDRÉ. Câmara Municipal. *Anais da Câmara de Santo André,* 1952. Vol. I a XIII.

SÃO PAULO. Lei n. 1 – 18/09/47. *Dispõe sobre a organização dos municípios.* São Paulo: Lex, 1947.

SILVA, Ilse G. *Democracia e participação na "Reforma" do Estado.* São Paulo: Cortez, 2003.

SKIDMORE, Thomas. *De Getúlio a Castelo.* Rio de Janeiro: Paz e Terra, 1975.

DESAFIOS E PERSPECTIVAS NA INTEGRAÇÃO LATINO-AMERICANA EM DUAS PERSPECTIVAS COMPARATIVAS: O MERCOSUL E A ALBA

JAYME PERIN GARCIA*
MATHEUS CARDOSO DA SILVA**

* Economista, Graduado pelo Curso de Ciências Econômicas do Centro Universitário Fundação Santo André.

** Historiador. Doutorando no Programa de História Social, do Departamento de História da Universidade de São Paulo. Bolsista da CAPES.

Resumo

O avanço dos projetos de integração regional na América Latina tem ganhado espaço no âmbito da política internacional. Durante o século XIX, começaram a surgir as primeiras ideias de integração regional na América Latina, porém, só em meados de 1950, essas ideias começaram a se estruturar, com o intuito de viabilizar projetos para integrar as economias da região. Em 1960 surgem os primeiros acordos de livre comércio. Seus objetivos são a criação de zonas de livre comércio para o fortalecimento dos mercados regionais, o aumento do comércio entre os membros e, principalmente, a transformação da zona de livre comércio em mercado comum. Nessa mesma época, o estudo do desenvolvimento econômico da América Latina começou a receber atenção especial de algumas instituições internacionais, com destaque para a Comissão Econômica para a América Latina (CEPAL). A ideia central dos estudos da CEPAL, no âmbito do desenvolvimento econômico, é de identificar os obstáculos estruturais e apontar os desafios para o avanço desse processo na América Latina. Entre 1960 e 1990, são apresentados diversos projetos de integração na América Latina, com o intuito de explorar a evolução desse processo. A partir dos anos 90, surge o Mercosul, através do Tratado de Assunção. O projeto surge com a participação do Brasil, Argentina, Paraguai e Uruguai. Os principais objetivos do Mercosul são: promover uma inserção econômica mais competitiva dos membros no cenário mundial, favorecer as economias de escala e os fluxos do comércio internacional e promover a abertura das economias dos países participantes. Recentemente a Venezuela ingressou no Mercosul, fortalecendo o bloco econômico. A CASA e a ALBA, também são recentes propostas de integração na América Latina. No âmbito da CASA a pretensão é de diálogo político e cooperação entre os povos. Já a ALBA nasce de iniciativas de cooperação entre Cuba e Venezuela, com o intuito de complementação econômica e social. Como essas propostas são muito recentes, nossa intenção neste artigo é a de apenas analisar os seus objetivos e avaliar a evolução do processo. Através da análise do Mercosul e das propostas da CASA e da ALBA, pretende-se apontar as expectativas para o processo de integração regional e desenvolvimento econômico na América Latina. No geral, esses processos apresentam dificuldades estruturais, apesar de alguns resultados positivos.

Palavras-chaves

Integração, desenvolvimento, ALBA, CASA, desafios e perspectivas.

Abstract

The progress of regional integration projects in Latin America has gained importance in the context of international politics. During the nineteenth century, began to emerge early ideas of regional integration in Latin America, however, only in the mid 1950s, these ideas began to take shape, in order to enable projects to integrate the economies of the region. In 1960, there were the first free trade agreements. Its goals are to create free trade zones, to the strengthening of regional markets, increased trade among members, and especially the transformation or a free trade zone in the common market. At same time, the study of economic development in Latin America, began to receive attention of some international institutions, especially the Economic Commission for Latin America (ECLAC). The central idea of the ECLAC studies, as part of economic development, is to identify structural obstacles and challenges point to the advancement of this process in Latin America. Between 1960 and 1990 are presented various integration projects in Latin America, in order to explore the evolution of this process. From the 90's, there Mercosur, through the Treaty of Asuncion. The project comes with the participation of Brazil, Argentina, Paraguay and Uruguay. The main objectives of Mercosur are promoting a more competitive economic integration of the members on the world stage, promoting economies of scale and international trade flows and promote the opening of the economies of participating countries. Recently, Venezuela joined Mercosur, strengthening the economic bloc. CASA and ALBA are also recent proposals for integration in Latin America. As part of CASA, the claim is for political dialogue and cooperation between peoples. Already ALBA born of cooperation initiatives between Cuba and Venezuela, in order to complement the economic and social. As these proposals are very recent, our intention in this article only to analyze your goals and assess progress of the process. Through analysis of Mercosur and the proposals of CASA and ALBA, aims to point out the expectations for the process of regional integration and economic development in Latin America. In general, these processes have structural problems in spite of some good results.

Keywords

Integration, developing, CASA, ABA, challenges, perspectives.

Introdução

A unidade de nossos povos não é simples quimera dos homens, senão inexorável decreto do destino.

Simón Bolívar

Em 1781, Túpac Amaru sitiou Cuzco.

Este cacique mestiço, descendente direto dos imperadores Incas, encabeçou o movimento messiânico e revolucionário de maior envergadura. A grande rebelião estourou na província de Tinta. Montado em seu cavalo branco, Túpac Amaru entrou na praça de Tugasuca e, ao som de tambores e pututus, anunciou que havia condenado à forca o corregidor real Antonio Juan de Arriaga, e dispôs a proibição da mita de Potosí. A província de Tinta estava ficando despovoada por causa do serviço obrigatório nos socavãos de prata da montanha. Poucos dias depois, Túpac Amaru expediu um novo comunicado pelo qual decretava a liberdade dos escravos. Aboliu todos os impostos e o repartimiento de mão-de-obra indígena em todas suas formas. Os indígenas se juntaram, aos milhares, às forças do "pai de todos os pobres e de todos os miseráveis e desvaliados". À frente de seus guerrilheiros, o caudilho lançou-se sobre Cuzco. Marchava pregando seu credo: todos os que morressem sob suas ordens nesta guerra ressuscitariam para desfrutar as felicidades e riquezas de que tinham sido despojados pelos invasores. Sucederam-se vitórias e derrotas; no fim, traído e capturado por um de seus chefes, Túpac Amaru foi entregue, amarrado com correntes, aos espanhóis. Em seu calabouço, entrou o visitador Areche para exigir-lhe, em troca de promessas, os nomes dos cúmplices da rebelião. Túpac Amaru repondeu-lhe com desprezo: "Aqui não há mais cúmplice que tu e eu; tu por opressor, e eu por libertador, merecemos a morte".

Eduardo Galeano, *As veias abertas da América Latina.*

Desde o início do século XIX, os primeiros processos de independência em alguns países da América Latina, liderados por Simón Bolívar, já colocavam em pauta projetos de integração Latino-americanos. Segundo Rezk (2005), a primeira grande reflexão sobre a integração latino-americana foi pensada por Simon Bolívar, que, exilado em 1814 na Jamaica, escreveu uma carta propondo uma América independente, através de uma aliança entre os povos americanos.

As ideias sobre a integração regional da América Latina seguem então num continente pós-independência, formando uma longa tradição critica - passando por nomes como o cubano José Martí e o argentino Ernesto Che Guevara. No entanto, os primeiros planos efetivos de integração regional latino-americana datam da segunda metade do século XX[1].

O Tratado multilateral de livre comércio foi assinado em 1958, criando uma área aduaneira comum, além de um acordo para a integração das indústrias. Com isso, dava-se início ao projeto do Mercado Comum Centro-americano (COSTA, 2006).

Pouco depois, no ano de 1960 foi assinado um Tratado

---

1 Myrdal apud More (1998) enuncia a integração como um processo socioeconômico capaz de destruir as barreiras sociais e econômicas existentes entre os participantes na atividade econômica, e não estabelece distinção entre integração nacional e internacional. Furtado apresenta uma visão ampla do processo de integração regional. "A teoria da integração constitui uma etapa superior da teoria do desenvolvimento e a política de integração, uma forma avançada e complexa de política de desenvolvimento. O planejamento da integração surge, pois, como a forma mais complexa dessa técnica de coordenação das decisões econômicas". (FURTADO apud BAUMANN, 2005, p. 2). Na sua ótica, a aproximação de economias semelhantes ou não, quando integradas segundo um processo cauteloso e bem estruturado, traria benefícios importantes para o desenvolvimento econômico.

Geral de Integração Econômica da América Central.

No mesmo ano de 1960, também foi criada a Associação Latino-Americana de Livre Comércio (ALALC), através do Tratado de Montevidéu. Esse Tratado previa o estabelecimento de uma área de livre comércio, aos moldes do Mercado Comum Europeu, que deveria ser a base para a criação de um mercado comum latino-americano. A ALALC era composta por Brasil, Argentina, Bolívia, Chile, Colômbia, Equador, México, Paraguai, Peru, Uruguai e Venezuela (MAIA, 1995).

Durante o período da ALALC, outros projetos de integração regional aconteciam em paralelo. Dentre eles, estão o Pacto Andino e a Comunidade Andina — CAN, a Comunidade do Caribe e o Mercado Comum do Caribe — CARICOM.

Conforme Maia (1995), durante o período de existência da ALALC, ocorreu também uma experiência de integração na região amazônica. Essa experiência recebeu o nome de Tratado de Cooperação Amazônica.

Após vinte anos da criação da ALALC, foi negociado um novo acordo, mais abrangente e flexível. O Tratado foi firmado em 1980 e substituiu a ALALC através da criação da Associação Latino-Americana de Integração — ALADI — (ARAÚJO, 2006).

O quadro resumo apresentado em anexo, dá um panorama histórico dos primeiros acordos de integração Latino-americana, tentados a partir de 1960.

O Mercosul e a ALBA

O Mercado Comum do Sul (Mercosul) foi criado em 1991 com a assinatura do Tratado de Assunção no Paraguai. Embora tenham sido criados apenas em 1991, os esboços deste acordo datam da década de 1980, quando foi assinada a ALADI, além dos acordos bilaterais entre Brasil e Argentina.

O Tratado de Assunção foi assinado em 26 de março de 1991.

> TRATADO PARA A CONSTITUIÇÃO DE UM MERCADO COMUM ENTRE A REPÚBLICA ARGENTINA, A REPÚBLICA FEDERATIVA DO BRASIL, A REPÚBLICA DO PARAGUAI E A REPÚBLICA ORIENTAL DO URUGUAI.
>
> A República Argentina, a República Federativa do Brasil, a República do Paraguai e a República Oriental do Uruguai, doravante denominados "Estados Partes".
>
> Considerando que a ampliação das atuais dimensões de seus mercados nacionais, através da integração constitui condição fundamental para acelerar seus processos de desenvolvimento econômico com justiça social;
>
> Entendendo que esse objetivo deve ser alcançado mediante o aproveitamento mais eficaz dos recursos disponíveis a preservação do meio ambiente, melhoramento das interconexões físicas a coordenação de políticas macroeconômica da complementação dos diferentes setores da economia, com base nos princípios de gradualidade, flexibilidade e equilíbrio.
>
> Tendo em conta a evolução dos acontecimentos internacionais, em especial a consolidação de grandes espaços econômicos e a importância de lograr uma adequada inserção internacional para seus países;
>
> Expressando que este processo de integração constitui uma resposta adequada a tais acontecimentos;
>
> Conscientes de que o presente Tratado deve ser considerado como um novo avanço no esforço tendente ao desenvolvimento progressivo da integração da América Latina, conforme o objetivo do Tratado de Montevidéu de 1980;

> Convencidos da necessidade de promover o desenvolvimento científico e tecnológico dos Estados Partes e de modernizar suas economias para ampliar a oferta e a qualidade dos bens de serviços disponíveis, a fim de melhorar as condições de vida de seus habitantes.

Para Baumann (2001), os principais objetivos desse tratado são:

1. Promover uma inserção mais competitiva das economias dos quatro países no cenário mundial.
2. Favorecer as economias de escala, a fim de aumentar a produtividade.
3. Estimular fluxos de comércio internacional, tornando mais atrativos os investimentos na região.
4. Promover a abertura das economias dos países participantes.
5. Balizar as ações do setor privado, principais motores do processo de integração.

Nota-se ao analisar os principais objetivos do Tratado de Assunção, que o intuito é fortaleceras economias participantes, para se inserir no mercado internacional, aumentar a produtividade através do aumento na escala de produção, aumentar os investimentos externos na região, abrir as economias dos países membros, e controlar as ações do setor privado, pois se via neste setor a principal alavanca do processo[2]. Todos esses objetivos tem a finalidade de

2 É preciso, no entanto, que se faça a separação entre desenvolvimento econômico e crescimento econômico, alavancados por um processo de integração regional como no caso do Mercosul. Para Domingues (2004), é importante ressaltar que o desenvolvimento econômico não deve ser confundido com crescimento econômico. Sabe-se que pode existir um processo de crescimento com desenvolvimento econômico negativo, como ocorreu com o Brasil na época do "milagre econômico", e pode-se encontrar casos de desenvolvimento econômico com crescimento negativo como em Moçambique na mesma década de 1970. Para medir o crescimento de um país, é utilizado o valor que foi agregado ao Produto Interno Bruto (PIB), no período de um ano, porém, para analisar o desenvolvimento econômico é importante analisar outras variáveis. Conforme Furtado (1974), o conceito de Produto Interno Bruto (PIB) é ambíguo e o conceito de taxa de crescimento do PIB é ainda mais ambíguo. Na medição do PIB é ignorado o custo para a sociedade da destruição dos recursos naturais não renováveis, dos solos e das florestas, além da poluição das águas e da destruição dos peixes nos rios, que as empresas despejam seus resíduos. Se o crescimento do PIB é acompanhado de redução no salário real e esse salário está no nível de subsistência, é de se admitir que haja um desgaste humano.

gerar crescimento econômico, porém, não há um objetivo que demonstre a transformação do crescimento em desenvolvimento econômico.

Além dos objetivos, Baumann (2001) expõe as características do Mercado Comum destacando:

1. A livre circulação de bens e serviços e de fatores produtivos entre seus membros.

2. O estabelecimento de uma tarifa externa comum e a adoção de uma política comercial comum em relação a terceiros países ou grupos de países.

3. A coordenação de posições em foros internacionais.

4. A coordenação de políticas macroeconômicas e setoriais entre os Estados participantes.

Segundo Baumann (2001), a primeira etapa do processo de evolução do Mercosul pode ser divida em duas fases. A primeira fase é chamada de período de transição e ocorreu no período de 1991 a 1994, e a segunda fase é a partir de 1995, como união aduaneira. Ainda na primeira fase, os países começaram a definir uma tarifa externa comum (TEC). Essa definição da tarifa foi finalizada em 1994 e continha as seguintes características:

1. Tarifa média de aproximadamente 11%.

2. Alíquotas incidentes sobre insumos entre 6% e 12%.

3. Produtos de consumo final com tarifas entre 18% e 20%.

Em dezembro de 1994, foi criada a Comissão de Comércio do Mercosul (CCM) e seu regulamento.

> A curto prazo, coube à CCM os acordos sobre temas comerciais, como restrições não-tarifárias a serem eliminadas, aspectos anticompetitivos, como defesa da concorrência, práticas desleais de comércio e

> outros. No médio prazo, a ela corresponde fazer propostas sobre tratamentos setoriais específicos, como o regime automobilístico, o setor açucareiro e outros. (BAUMANN, 2001, p. 36)

E ainda em 1994, através do protocolo de Ouro Preto, o Mercosul foi dotado de personalidade jurídica internacional. Ou seja, o seu órgão máximo (CCM), passou a ter autonomia para assinar acordos com outros blocos econômicos ou países. Em 1996, foram firmados acordos complementares com o Chile e Bolívia, que previam a formação de Zonas de Livre Comércio com os dois países, com perspectivas de gradual ampliação dos países participantes. Os acordos de livre comércio assinados com o Chile e Bolívia têm permitido, desde então, um grau único de aproximação desses países ao bloco. A importância dessa aproximação vai além dos efeitos econômicos específicos. Ela é importante também por sinalizar para os demais países da região a possibilidade de adesão futura ao bloco (BAUMANN, 2001).

Em 2002, foi institucionalizado o órgão de revisão e solução de controvérsias no Mercosul, através do Protocolo de Olivos, com o intuito de amenizar os conflitos do bloco. Esse órgão foi chamado de Tribunal Permanente de Revisão do Mercosul e instalado em 2004 na cidade de Assunção no Paraguai (MENEZES, 2006).

Conforme Menezes (2006), os ministros das Relações Exteriores do Mercosul assinaram em julho de 2006, um acordo autorizando a incorporação da Venezuela como membro pleno do bloco, em um prazo de quatro anos.

A Venezuela foi incorporada ao Mercosul, o que constitui um fato histórico, por se tratar de um eixo inédito de integração regional. Trata-se da primeira ampliação do bloco desde sua formação em 1991. Com sua adesão, as economias do Mercosul passam a representar 75% do PIB da América do Sul.

O Mercado Comum sai da condição de um bloco sub-regional para adquirir características de dimensões continentais, o que lhe dá a condição de bloco regional.

Segundo a Cepal (2006), a adesão da República Bolivariana da Venezuela no Mercosul implica em um incremento de 13,2% no PIB do bloco e a incorporação de um mercado de 38 milhões de habitantes. Trata-se da terceira economia da América do Sul e da segunda força exportadora da região, além de representar a proposta da ALBA.

A adesão da Venezuela fortalece o bloco, por sua dimensão econômica, geográfica e política, além de representar um grande passo na consolidação de um espaço econômico regional com maior visibilidade no cenário econômico internacional (MENEZES, 2006).

Segundo a Cepal (2006), em 15 de dezembro de 2006, o Conselho do Mercosul aprovou a solicitação para o ingresso da Bolívia no Mercado Comum. A Bolívia constituiu uma comissão para avaliar os custos e benefícios de sua adesão plena no Mercosul. O novo governo do Equador não solicitou sua adesão como membro pleno do Mercosul, para não perder suas vantagens na Comunidade Andina. O país prefere continuar como membro associado ao Mercosul.

Segundo Medeiros (2006), em um contexto de cooperação entre blocos regionais, um Mercosul ampliado e dotado de estruturas institucionais capazes de articular arranjos produtivos voltados para o desenvolvimento conjunto e equitativo dos países do bloco não pode ser desprezado. O embrião de uma área de livre-comércio da América Latina, este projeto de Prebisch, pode ser construído a partir da ampliação do projeto sul-americano, apesar das pressões que certamente sofrerá. E ainda com o intuito de oferecer estruturas institucionais ao Mercosul, foram criados o Parlamento do Mercosul e o Fundo de Convergência Estrutural do Mercosul.

O Parlamento do Mercosul foi criado com o objetivo de representar os povos da região, inclusive para estimular a participação da sociedade civil no processo de integração, respeitar suas ideologias e políticas, defender a democracia, a liberdade e a paz, além de promover desenvolvimento sustentável da região com justiça social e respeitar as diferenças culturais (MENEZES, 2006).

Segundo Araújo (2007), no dia 7 de Maio de 2007 foi realizada a primeira sessão do Parlamento do Mercosul em Montevidéu (Uruguai). Essa sessão contou com a participação dos representantes do Brasil, Argentina, Uruguai, Paraguai e da Venezuela que ainda está em processo de adesão, mas tem direito a voz. Cada país membro conta com dezoito representantes para a formação do Parlamento.

Conforme Pagnussat apud Lobo (2006), já o Fundo de Convergência é uma estratégia para proteger as menores economias da região. Dessa forma, o financiamento do fundo vai ser feito pelo Brasil com 70%, e a Argentina com 27%. E os grandes beneficiários são o Uruguai e o Paraguai. A composição representa uma forma de oferecer alguma garantia de que mesmo sendo economias menores seria vantajoso participar do Mercosul. O sucesso do Mercosul facilitaria as relações comerciais com outros grandes blocos econômicos do mundo, como o NAFTA e a União Europeia. O FOCEM tem como função,

> [...] aprofundar o processo de integração regional no Cone Sul, por meio da redução das assimetrias, do incentivo à competitividade e do estímulo à coesão social entre os países-membros do bloco. [...] o Fundo se destina a financiar projetos para melhorar a infraestrutura das economias menores e regiões

> menos desenvolvidas do Mercosul, impulsionar a produtividade econômica dos Estados-partes, promover o desenvolvimento social, especialmente nas zonas de fronteira, e apoiar o funcionamento da estrutura institucional do bloco.[3]

Economicamente, o FOCEM é composto por contribuições não reembolsáveis que totalizam US$100 milhões por ano, além de possíveis "contribuições voluntárias"[4].

> Os aportes são feitos em quotas semestrais pelos Estados-partes do Mercosul, na proporção histórica do PIB de cada um deles. Desse modo, a Argentina é responsável por 27% (vinte e sete por cento) dos recursos; o Brasil, por 70% (setenta por cento); o Paraguai, por 1% (um por cento); e o Uruguai, por 2% (dois por cento). (ibid.)

Um projeto recente de integração na América do Sul é a Comunidade Sul-americana de Nações (CASA), que nasce com a finalidade de avançar o processo de desenvolvimento político e econômico da América do Sul.

Segundo Taunay Filho (2007), a CASA foi estabelecida em Cusco, no dia 8 de dezembro de 2004, durante a III Reunião de Presidentes da América do Sul. Em grande medida, representa a culminação e o aprofundamento do processo de cúpulas presidenciais sul-americanas, iniciado em 2000. Também é resultado da aproximação entre o Mercosul e a Comunidade Andina de Nações (CAN), cujo ponto de maior de destaque foi o acordo de livre comércio assinado em 2003 que, em conjunto com outros acordos regionais, criou, na prática, uma área livre de comércio sul-americana, à qual

3 Site oficial do Ministério do Planejamento do Brasil. Disponível em: http://www.planejamento.gov.br/ secretaria. asp?cat=156&sub=279&sec=10.

4 Informações e dados oficias do Ministério do Planejamento do Brasil. Disponível em: http://www.planejamento.gov.br/secretaria.asp?cat=156&sub=279&sec=10. Outra referência é a página do próprio programa. Disponível em: http://www.mercosur.int/focem/index.php?id=que-es-el-focem.

Guiana e Suriname deverão se associar, sem prejuízo de suas obrigações no âmbito do Mercado Comum e Comunidade do Caribe (CARICOM).

Em 2007 o nome CASA mudou para Unasul, que tem o objetivo de conseguir não só a integração econômica, mas também política e social, além de avançar na integração física.

Os presidentes Hugo Chávez, da Venezuela, e Néstor Kirchner, da Argentina, deram início ao projeto de autonomia latino-americana quando anunciaram no dia 21 de fevereiro de 2007 a criação do Banco do Sul (BARBOSA, 2007).

Idealizado pelo presidente da Venezuela, Hugo Chávez, o Banco do Sul foi idealizado como um fundo monetário, com finalidade de realizar empréstimos aos países da América Latina que contem programas sociais e de infraestrutura, além de surgir como alternativa às organizações de empréstimos já existentes, como o Fundo Monetário Internacional (FMI) e o Banco Mundial (BM).

O Congresso Nacional da Argentina aprovou no dia 7 de setembro de 2011, o projeto que ratifica a criação do Banco do Sul, que conta com participação de sete dos países que integram a União de Nações Latino-Americanas (Unasul). Os sete países que apoiam a iniciativa são Brasil, Argentina, Bolívia, Uruguai, Venezuela, Equador e Paraguai. O bloco é formado no total por 12 nações. A criação do Banco do Sul já foi aprovada por parlamentos de quatro dos sete países fundadores da instituição: Venezuela, Equador, Bolívia e Argentina. Além do Brasil, a medida ainda deve ser ratificada por Uruguai e Paraguai (COSTA, Darc, 2011).

Outra tentativa de integração continental, no entanto, com uma vertente política diferente daquela apresentada pela experiência do Mercosul é a ALBA. O nome de “Alternativa Bolivariana para os povos das Américas” (ALBA), foi sugerido pelo presidente Hugo Chávez da Venezuela, para recuperar a história dos pensadores e lutadores latino-americanos, como Simon Bolívar, José Marti, Ernesto Che Guevara, Sandino, Farabundo Marti, General Abreu de Lima, Paulo Freire, Darci Ribeiro, Raul Sendic, Camilo Torres, General Alvarado, José Mariategui, dentre outros que, ao longo das lutas sociais na América Latina, sempre defenderam as ideias de uma integração regional e o sonho de uma grande pátria latino-americana.

Nos acordos assinados entre governos e representantes dos Estados, se apresentam os seguintes princípios fundamentais:

1. O direito e o respeito a autodeterminação dos povos.
2. O espírito de complementaridade econômica entre os povos e países.
3. Comércio justo entre as nações.
4. Cooperação.
5. A luta contra a pobreza.
6. O direito à preservação da identidade cultural de cada povo.
7. Integração energética.
8. A defesa da cultura dos povos latino-americanos e caribenhos.
9. Fomento e defesa da cultura dos povos nativos e indígenas.
10. Prática da solidariedade permanente entre todos os povos do continente.
11. Integração tecnológica e produtiva.
12. Luta contra a exclusão social.

13. Defesa dos direitos humanos, no seu sentido mais amplo, de direitos sociais, econômicos e culturais e trabalhistas.
14. Defesa dos direitos das mulheres.
15. Defesa da soberania alimentar.
16. Defesa e preservação do meio ambiente.
17. Defesa da pluriculturidade de nossos povos, valorizando as contribuições das culturas nativas, dos afrodescendentes, e autodeterminação dos povos indígenas.

A ideia da ALBA surgiu de acordos de cooperação entre a Venezuela e Cuba. A Venezuela abastece o mercado de Cuba através do petróleo, enquanto Cuba envia médicos e professores para atuar nas periferias da Venezuela.

Conforme o Ministério de Estado para a Integração e Comércio Exterior da Venezuela (2007), a ALBA se fundamenta na criação de mecanismos para a cooperação entre as nações participantes, com o intuito de compensar as diferenças sociais existentes entre os países da região.

De acordo com o Memorando de Entendimento entre a República da Bolívia, a República de Cuba, a República da Nicarágua e a República Bolivariana da Venezuela (2007), foi anunciada a criação do Banco da ALBA, que seria efetivamente criado em 26 de janeiro de 2008, pela VI Cumbre del ALBA, realizada na cidade de Caracas, na Venezuela. Seus membros são Bolivia, Nicarágua. Cuba, Venezuela, San Vicente e Granadinas.

O Banco tem a finalidade de desenvolver projetos socioeconômicos, de garantir a efetivação dos programas de cooperação, projetos de desenvolvimento produtivo, tornar o intercâmbio comercial mais dinâmico, além de oferecer estrutura institucional ao projeto de integração regional.

Desafios e Perspectivas do Processo de Integração Regional e do Desenvolvimento Econômico na América Latina: o Mercosul Versus Alba

Para Gusmão (2004), a América Latina tem obstáculos estruturais. Dentre eles, estão a dependência externa dos países desenvolvidos, o desemprego, a concentração de renda e a concentração da terra[5].

A dependência dos países da América Latina em relação aos países desenvolvidos faz com que a estrutura produtiva, a forma e a intensidade da absorção da mão de obra e o mercado de trabalho se voltem aos interesses ditados pelas relações de suas economias com esses países, ou seja, a estrutura econômica não atende às necessidades internas nem à dinamização de seus potenciais de desenvolvimento. Além disso, é claro a disparidade na distribuição de renda é um dos principais fatores que determinam a desarticulação das sociedades latino-americanas, e amplia os expressivos desequilíbrios regionais.[6]

5 Dissertação apresentada ao Programa de Pós-Graduação em Integração da América Latina (PROLAM) da Universidade de São Paulo para obtenção do título de Mestre em Integração da América Latina.

6 Em 1964, Raúl Prebisch dava uma dimensão mais clara das elevadas diferenças da distribuição de renda na América Latina. "Em termos de consumo total, as camadas superiores, que representam aproximadamente 5% da população latino-americana, absorvem quase 30% das despesas agregadas de consumo". No outro extremo da sociedade, 50% da população consomem apenas 20% do total. As camadas médias que correspondem a 45% da população absorvem cerca de 50% do consumo total. (GUSMÃO, 2004, p. 36). "Em um país como o Brasil basta concentrar a renda (aumentar o consumo supérfluo em termos relativos) para elevar a taxa de crescimento do PIB. Isto porque, dado o baixo nível médio de renda, somente uma minoria tem acesso aos bens duráveis de consumo e são as indústrias de bens duráveis as que mais se beneficiam de economias de escala. Assim, dada uma certa taxa de investimento, se a procura de automóveis cresce mais que a de tecidos (supondo-se que os gastos iniciais nos dois tipos de bens sejam idênticos) a taxa de crescimento será maior. Em síntese: quanto mais se concentra a renda, mais privilégios se criam, maior é o consumo supérfluo, maior será a taxa de crescimento do PIB. Desta forma a contabilidade nacional pode transformar-se num labirinto de espelhos, no qual um hábil ilusionista pode obter os efeitos mais deslumbrantes" (FURTADO, 1974, p. 116).

Além disso, mais um obstáculo para a distribuição de renda e consequentemente ao desenvolvimento econômico é a concentração da propriedade agrária.

A grande concentração da propriedade agrária na América Latina é um fenômeno estrutural de raízes históricas no continente.

Os rendimentos dos trabalhadores rurais não crescem de forma equivalente aos ganhos de produtividade resultantes de novas tecnologias na produção agrícola. Os ganhos decorrentes da incorporação de novas tecnologias são absorvidos pela renda da terra, valorizando-a.

Outro desafio é a redistribuição da terra, ao reduzir seu elevado grau de concentração no poder de poucos, possibilita-se o acesso aos trabalhadores rurais que a necessitam, além de contribuir para potencializar o desenvolvimento econômico. Essa redução da concentração agrária pode ser obtida através da realização de uma reforma agrária abrangente (GUSMÃO, 2004).

Segundo Coggiola (2004), em 2000, dentro da Associação Latino-Americana de Integração, a porcentagem de exportações inter-regionais representou 13%, já na Comunidade Andina das Nações o percentual foi apenas de 8,8%, no Mercosul atingiu 21,1%, no Mercado Comum Centro-Americano chegou a 22,4% e na Comunidade do Caribe foi de 17,7%. Porém, as tendências em cada um destes blocos têm sido instáveis desde 1990.

Conforme Baumann (2001), o resultado mais citado como indicador de sucesso do Mercosul é o crescimento do comércio entre os quatro países desde o início do processo de integração. Esse crescimento teve como consequência direta um grande aumento das transações intra-regionais perante os fluxos totais de comércio dos países-membros do Mercosul.

De fato, entre 1990 e 1998 as exportações entre os países participantes passaram de US$ 4 bilhões para US$ 21 bilhões, enquanto a importância relativa das transações intra-regionais aumentou de 8,9% para 26% nesse mesmo período. Quando comparado a outras experiências de integração na América Latina, o Mercosul merece destaque, pois, no mesmo período, o comércio interno do Grupo Andino aumentou quatro vezes, o comércio do Mercado Comum Centro-Americano aumentou três vezes e como vimos anteriormente o comércio interno do Mercosul aumentou em mais de cinco vezes.

Além dos resultados em termos de intercâmbio comercial, merece referência especial o aumento dos investimentos diretos entre os países participantes. No ano de 1993 o investimento direto brasileiro na Argentina era de US$ 80 milhões, e quatro anos mais tarde o valor já era de US$ 425 milhões. No mesmo período, os investimentos diretos argentinos no Brasil passaram de 1,1% para 2,5% do total, num período em que os investimentos diretos totais ingressados no país aumentaram de US$ 6 bilhões para US$ 21 bilhões (BAUMANN, 2001).

Um grande mercado baseado em economias mais integradas não coloca em risco o mercado interno brasileiro, não serão os produtos argentinos ou uruguaios que irão ameaçar o Brasil (GARCIA, 2005).

> Pode parecer útil para o Brasil que uma fábrica feche em Córdoba, na Argentina, e venha funcionar aqui no Brasil. Mas essa é uma visão pequena. O melhor é que ela continue lá e se integre de alguma forma com o nosso mercado, porque assim os dois crescem. (GARCIA apud BARBOSA, 2005)

Portanto, são pontos importantes na agenda econômica e política, a integração física (estradas, pontes, portos e vias fluviais) e a integração energética (gás natural, óleo, água e eletricidade), como resultado direto dos avanços no processo de integração comercial.

É importante ressaltar o papel da CASA num processo mais amplo de integração, também para os campos sociais e culturais, no sentido de complementar a proposta de integração econômica e comercial do Mercosul.

O Mercosul tem caminhado com o aperfeiçoamento dos órgãos existentes, como o Tribunal Permanente de Revisão e também pela criação de novas organizações que oferecem maior estrutura institucional ao bloco. (MENEZES, 2006). A adesão da Venezuela como novo membro, também fortalece o bloco, pois o Mercosul passa a ter uma economia diversificada das demais e oferecer novos elementos para a dinâmica comercial, atingindo uma dimensão continental.

Segundo Menezes (2006), a criação do Parlamento reafirma o comprometimento dos países participantes com a democracia no processo de tomada de decisões, através do sistema de representação das populações.

Conforme Pagnussat apud Lobo (2006), o Fundo de Convergência não surge como proposta para atingir a equidade econômica e social entre os países participantes, mas pelo menos como estratégia para proteger as menores economias da região.

> O Mercosul persiste no sonho da criação de um mercado comum, mas ainda tem como desafio a implementação de uma zona de livre-comércio com a eliminação gradual das tarifas para a circulação de produtos entre os Estados-membros e o processo de avanço na construção da tarifa externa comum que vai pautar a relação do bloco com outros Estados e organizações econômicas internacionais. (MENEZES, 2006, p. 157)

Conforme o Ministério de Estado para a Integração e Comércio Exterior da Venezuela (2007), no caso da ALBA, o princípio está fundamentado na cooperação entre as nações da região para compensar as diferenças sociais existentes, que colocam os países da região em desvantagem em relação aos países desenvolvidos.

Para Cueva apud Hashzume (2006), o forte da ALBA é a aplicação real de propostas construídas dentro de outro paradigma que reconhece as diferenças entre as partes envolvidas e oferece prioridade para a dimensão social. A Tele Sur, rede de televisão que vem transmitindo para os diversos países da América do Sul, uma programação que respeita a cultura e a história da região é uma das propostas.

> Existem pontos em comum entre as reivindicações dos movimentos e a Alternativa Bolivariana para a América (Alba). Vê-se com simpatia, iniciativas como a da Petrosur e a da Petrocaribe. (CUEVA apud HASHZUME, 2006)

A ALBA, segundo Judith apud Hashzume (2006), deve ser compreendida em conjunto com as metas de políticas sociais, que vem sendo sustentadas pelo governo Chávez. Trata-se de uma nova concepção que valoriza o desenvolvimento endógeno e renova a relação dos povos da região com o espaço em que vivem, além de servir de alicerce para a manutenção e construção de suas próprias culturas.

De acordo com o Memorando de Entendimento entre a República da Bolívia, a República de Cuba, a República da Nicarágua e a República Bolivariana da Venezuela (2007), com a criação do Banco da ALBA, aumenta-se a possibilidade de se desenvolver projetos socioeconômicos, de efetivar programas de cooperação, além de tornar o intercâmbio comercial mais dinâmico.

Da mesma forma, surge o projeto do Banco do Sul, com a perspectiva de oferecer autonomia aos povos Latino-americanos (BARBOSA, 2007).

> Queremos que a instituição apoie investimentos que atendam à reconversão produtiva, à inclusão social, à integração física de nossos países e ao desenvolvimento global de projetos estratégicos, e que tenham acesso a ele os mais fortes e os mais fracos; que não seja seletivo, mas solidário. (KIRCHNER apud BARBOSA, 2007)

Apesar dos obstáculos e desafios ao processo de integração regional e desenvolvimento econômico, nota-se que principalmente os projetos do Mercosul, da Unasul e da ALBA, apesar de não serem o suficiente para superar os obstáculos estruturais da América Latina, estão de alguma forma evoluindo institucionalmente e buscando evitar os problemas já enfrentados nas outras experiências de integração regional, o que torna a perspectiva positiva nesse sentido para a América Latina.

Considerações Finais

As principais dificuldades apontadas para a integração e o desenvolvimento econômico da região são diferenças na distribuição dos benefícios gerados dentro dos blocos econômicos devido às disparidades das economias participantes; concentração de renda; falta de instituições supranacionais; falta de organizações para promover o desenvolvimento e autonomia do povo da América Latina.

No caso específico do Mercosul, observa-se o crescimento do comércio regional, além do aumento dos investimentos diretos entre os países participantes. Porém, apesar de esses resultados contribuírem de forma importante para o crescimento econômico, se faz necessário medidas complementares, como a criação de instituições supranacionais, para dar início a um processo de desenvolvimento econômico, além da intervenção dos Estados na preparação de seus países, de forma a eliminar os principais obstáculos do desenvolvimento.

Algumas medidas já foram tomadas no sentido de oferecer estruturas institucionais e reduzir alguns conflitos do Mercosul. A criação do Fundo de Convergência e do Parlamento do Mercosul, conforme seus objetivos, aponta para um futuro mais democrático.

Já no caso da ALBA, nota-se que a finalidade é corrigir as assimetrias sociais da região, através da cooperação entre os países participantes. Trata-se de uma proposta inovadora, que atende as reivindicações dos menores países da região, com o intuito de complementação para as economias participantes.

O projeto demonstra que a finalidade não é apenas obter crescimento econômico, mas também iniciar um processo de desenvolvimento econômico, através da complementação econômica, redução das assimetrias entre os países, através de acordos de cooperação no âmbito social e econômico e da criação do Banco da ALBA, com o intuito de fomentar projetos de investimento na região.

No sentido de alcançar a independência econômica e autonomia dos povos latino-americanos, também foi criado o Banco do Sul. O Banco deverá fomentar investimentos para promover o desenvolvimento econômico e reduzir as assimetrias da região.

A evolução do Mercosul e de outros projetos regionais, assim como as propostas da Unasul e da ALBA, não surgem como a solução para os obstáculos estruturais da América Latina, mas como alternativa para amenizar esses problemas e contribuir para o início de um processo de desenvolvimento sustentável na região.

Referências

ARAÚJO, Leandro. *Blocos Econômicos e Integração na América Latina, África e Ásia.* Curitiba: Juruá Editora, 2006.

BAUMANN, Renato. *Mercosul:* avanços e desafios da integração. Brasília: Cidade Gráfica e Editora, 2001.

COGGIOLA, Osvaldo (org.) et al. *América Latina e a Globalização.* São Paulo: Universidade de São Paulo, 2004.

FILHO, Taunay et al. O Brasil no mundo que vem aí. *II Conferência Nacional de Política Externa e Política Internacional.* Rio de Janeiro: Palácio Itamaraty, 2007.

FURTADO, Celso. *O Mito do Desenvolvimento Econômico.* Rio de Janeiro: Paz e Terra, 1974.

______. *Teoria e Política do Desenvolvimento Econômico.* São Paulo: Nova Cultural, 1986.

GOMES, Karla. *Blocos Econômicos e Integração na América Latina, África e Ásia.* Curitiba: Juruá Editora, 2006.

GONÇALVES, Reinaldo et al. *A nova economia internacional:* uma perspectiva brasileira. Rio de Janeiro: Elsevier, 1998.

GUSMÃO, Paulo. *O desenvolvimento da América Latina pelo olhar latino americano:* a persistência do desequilíbrio estrutural, obstáculos, trajetórias e potencialidades segundo as concepções cepalinas. São Paulo: PROLAM / USP, 2004.

MAIA, Jayme. *Economia Internacional e Comércio Exterior*. São Paulo: Atlas, 1995.

MEIRELLES, Elizabeth. *Blocos Econômicos e Integração na América Latina, África e Ásia*. Curitiba: Juruá Editora, 2006.

MENEZES, Wagner. *Blocos Econômicos e Integração na América Latina, África e Ásia*. Curitiba: Juruá Editora, 2006.

OLIVEIRA, Renata. *Blocos Econômicos e Integração na América Latina, África e Ásia*. Curitiba: Juruá Editora, 2006.

ELETRÔNICAS

ARAÚJO, Fabrício. *Parlamento do Mercosul*. Disponível em: http://www.inesc.org.br /equipe/jairb/textos-para-reflexao-e-debate/parlamento-do-mercosul/?searchterm=m parlamento%20do%20mercosul. Acesso em: 28 out. 2007.

BADARÓ, Celeste Cristina M. *Assinatura do Tratado Constitutivo da Unasul*. Disponível em: http://www.dhnet.org.br/direitos/sip/unasul/tratado_constitutivo_unasul.pdf

BANCO INTERAMERICANO DE DESENVOLVIMENTO. *Integração e Desenvolvimento Econômico*. Disponível em: http://www.iadb.org/sds/quebec/docs/quebec_ch2_br.pdf. Acesso em: 22 abr. 2007.

BARBOSA, Bia. *Chave para Crescimento está na Integração da América Latina*. Disponível em: www.voltairenet.org/article130508.html. Acesso em: 20 maio 2007.

BARBOSA, Jair. *Chávez e Kirchner Anunciam a Criação do Banco do Sul*. Disponível em: http://www.inesc.org.br/equipe/jairb/noticias-do-inesc/chavez-e-kirchner-anunciam-a-criacao-do-banco-do-sul/. Acesso em: 12 out. 2007.

______. *Modelo de Integração Física segue polêmico na América do Sul*. Disponível em: http://www.inesc.org.br/equipe/jairb/noticias-do-inesc/modelo-de-integracao-fisica-segue-polemico-na-america-do-sul/.Acesso em: 27 out. 2007.

BAUMANN, Renato. *Integração Regional e Desenvolvimento Econômico - Com Referência a Celso Furtado.* Disponível em:http://www.eclac.cl/publicaciones/xml/2/22292/LCBRSDT028RenatoBaumann.pdf. Acesso em: 28 abr. 2007.

BOYLE, JON. *Merkel rechaça ataques franceses ao euro.* Disponível em: http://www.fazenda.gov.br/resenhaeletronica/MostraMateria.asp?page=&cod=348123. Acesso em: 07 nov. 2007.

BRAGA, Márcio. *Integração Econômica Regional na América Latina: Uma Interpretação das Contribuições da Cepal.* Disponível em: http://www.usp.br/prolam/ downloads/ 2001_01_01.pdf. Acesso em: 15 maio 2007.

CEPAL. *Panorama de la Inserción Internacional.* Disponível em: http://www.eclac.cl/publicaciones/xml/6/29526/.Acesso em: 15 out. 2007.

COSTA, Darc. *Banco do Sul aprovado no congresso Argentino.* Disponível em: http://federasur.org.br/2011/09/09/banco-sul-aprovado-congresso-argentino/.

COSTA, Emilia. *Sucessos e Fracassos do Mercado Comum Centro-Americano: Dilemas do Neoliberalismo.* Disponível em: http://www.pucsp.br/projetohistoria/downloads/volume31/4_Artigo_pag91.pdf. Acesso em: 16 set. 2007.

DOMINGUES, Ronald. *Conceito e Medição de Desenvolvimento Sócio-econômico.* Disponível em: http://www.ronalddomingues.com/index.php?lang=2&s=economics&id=58. Acesso em: 23 set. 2007.

FREDERICO,Carlos.*OmilagreEconômico.*Disponívelem:http://www.usinadeletras.com.br/exibelotexto.phtml?cod=1553&cat=Teses_Monologos. Acesso em: 7 nov. 2007.

HASHZUME, Maurício. *Iniciativas Concretas da ALBA Exigem Nova Postura de Organizações.* Disponível: http://www.voltairenet.org/article134714.html. Acesso: 5 nov. 2007.

LOBO, Irene. *Fundo de Financiamento do Mercosul irá Beneficiar Paraguai E Uruguai.* Disponível em: http://www.agenciabrasil.gov.br/noticias/ 2006/09/07/ materia.2006-09-07.6315100361/view. Acesso em: 2 nov. 2007.

MEDEIROS, Rodrigo. *Teoria Econômica e Desenvolvimento na América Latina:* Revisitando o Estruturalismo. Disponível em: http://www.centrocelsofurtado.org.br/adm/enviadas/doc/17_20060825231847.pdf. Acesso em: 18 jun. 2007.

MENDES, Daniel. *O Fundo de Convergência Estrutural do Mercosul.* Disponível em: http://www.pucminas.br/imagedb/conjuntura/CNO_ARQ_NOTIC20050705105214.pdf?PHPSESSID=50f7b3d28cf34cd301ab5103858d4275. Acesso em: 2 nov. 2007.

MINISTÉRIO DO ESTADO PARA A INTEGRAÇÃO E COMÉRCIO EXTERIOR DA VENEZUELA. *O Que é a ALBA*. Disponível em: http://www.alternativabolivariana.org/pdf/alba_mice_es.pdf. Acesso em: 4 nov. 2007.

MIRANDA, Samir. *Cúpula Sul-Americana:* Elementos da Política Externa Brasileira para a Integração Regional. Disponível em: www.ilea.ufrgs.br/nerint/artigos/samir/cupula.rtf. Acesso em: 10 out. 2007.

MORE, Rodrigo. *Integração Econômica Internacional.* Disponível em:http://jus2.uol.com.br/doutrina/texto.asp?id=3307. Acesso em: 30 abr. 2007.

MOVIMENTO DOS TRABALHADORES RURAIS SEM TERRA. *Alternativa Bolivariana para os Povos das Américas.* Disponível em:http://www.jubileubrasil.org.br/azul/povo/news_item.2007-06-05.5379130200. Acesso em: 12 jun. 2007.

OBSERVATÓRIO DE POLÍTICAS PÚBLICAS DE DIREITOS HUMANOS NO MERCOSUL. *Tratado de Assunção.* Disponível em:http://www.observatoriomercosur.org.uy/pr/obsd12.php. Acesso em: 22 out. 2007.

PORTAL ALBA. *Acuerdos de integración.* Disponível em: http://www.alternativabolivariana.org/modules.php?name=Content&pa=showpage&pid=1606. Acesso em: 4 nov. 2007.

REZK, Antônio. *Jornada pela Integração da América do Sul.* O Debate da Integração para além das Instituições Oficiais. Disponívelem:http://www.espacoacademico.com.br/051/51rezk.htm. Acesso em: 20 ago. 2007.

ROSA, Paulo. *Os Sistemas Contábeis nos Países do Mercosul.* Disponível em:http://www.eps.ufsc.br/disserta98/rosa/. Acesso em: 9 set. 2007.

SARTI, Fernando. *Internacionalização Comercial e Produtiva no Mercosul nos Anos 90.* Disponível em: http://www.eco.unicamp.br/neit/download/teses/sarti,fernando.pdf. Acesso em: 1 out. 2007.

SILVEIRA, José. *Eixos de Integração e Desenvolvimento da América do Sul, Concepção e Financiamento.* Disponível em: http://www2.mre.gov.br/ipri/Rodrigo/America%20do%20Sul/Papers/Jose%20Paulo%20Silveira-Palestra%20Quito.doc. Acesso em: 15 abr. 2007.

Anexo

Quadro Resumo – Propostas de Integração regionais a partir de 1960

PROJETO	ORIGEM	OBJETIVOS	MEMBROS
MCCA Mercado Comum Centro-Americano	1960	Integração dos países da América Central, através da criação de um Mercado Comum.	Guatemala, El Salvador, Honduras, Nicarágua e Costa Rica.
ALALC Associação Latino-americana de Livre Comércio	1960	Estabelecimento de uma área de livre-comércio, que serviria de base para a criação de um Mercado Comum.	Brasil, Argentina, Bolívia, Chile, Colômbia, Equador, México, Paraguai, Peru, Uruguai e Venezuela.
CAN Comunidade Andina e Pacto Andino	1969	Implantar uma União Aduaneira. Adotar uma tarifa externa comum e desenvolver a infra-estrutura da região.	Bolívia, Chile, Colômbia, Equador e Peru.
CARICOM Comunidade do Caribe e Mercado Comum do Caribe	1973	Estabelecer um Mercado Comum, através do fortalecimento, coordenação e a regulação das relações econômicas e comerciais entre os Estados-membros.	Antigua, Barbados, Belize, República Dominicana, Granada, Guiana, Jamaica, Montserrat, St. Kitts e Nevis, Santa Lúcia, São Vicente e Grenadines e Trinidad e Tobago.
TCA Tratado de Cooperação Amazônica	1978	Estabelecer um Tratado de cooperação, através do esforço conjunto, econômico e social, para o desenvolvimento da região amazônica, nos campos da pesquisa científica e tecnológica.	Bolívia, Brasil, Colômbia, Equador, Guiana, Peru, Suriname e Venezuela.
ALADI Associação Latino-americana de Integração	1980	Semelhantes aos objetivos da ALALC, porém, com mais flexibilidade para tratar de Acordos de Alcance Regional e Acordos de Alcance Parcial.	Brasil, Argentina, Bolívia, Chile, Colômbia, Equador, México, Paraguai, Peru, Uruguai e Venezuela.

MERCOSUL Mercado Comum do Sul	1991	Criação de um Mercado Comum para promover uma inserção mais competitiva das economias, favorecer as economias de escala, estimular fluxos de comércio internacional, promover a abertura das economias e balizar as ações do setor privado.	Argentina, Brasil, Paraguai, Uruguai e Venezuela.
IIRSA Iniciativas para a Integração da Infraestrutura regional da América do Sul	2000	Cooperação regional para a elaboração de uma visão estratégica para a integração física da América do Sul.	Brasil, Colômbia, Equador, Venezuela, Chile, Uruguai, Guiana, Guiana Francesa, Paraguai, Argentina, Peru e Bolívia.
CASA Comunidade Sul-americana de Nações	2004	Diálogo político; integração física; meio ambiente; integração energética; mecanismos financeiros sul-americanos; assimetrias; promoção da coesão social, da inclusão social e da justiça social; e telecomunicações.	Brasil, Colômbia, Equador, Venezuela, Chile, Uruguai, Guiana, Guiana Francesa, Paraguai, Argentina, Peru e Bolívia.
ALBA Alternativa Bolivariana para as Américas	2004	Cooperação, direito e respeito à autodeterminação dos povos, luta contra a pobreza, integração energética e defesa da cultura dos povos latino-americanos e caribenhos.	Venezuela, Cuba, Bolívia e Nicarágua.

Fonte: Elaborado a partir de: Costa (2006), Maia (1995), Rosa (1998), Meirelles (2006), Oliveira (2006), Araújo (2006), Baumann (2001), Rezk (2005), Taunay Filho (2007), Movimento dos Trabalhadores Rurais Sem Terra (2007).

O HAITI SOB A MINUSTAH: ANÁLISE E PERSPECTIVAS FUTURAS*

ROBERTA MOYA**
RODRIGO SANTOS***

* Este artigo é o desenvolvimento do relatório preparado para o Projeto Solidariedade Internacional – Observatório de Conflitos (CUFSA), entregue em 2011.

** Bacharel em relações internacionais, Centro Universitário Fundação Santo André, membro do Núcleo de Estudos Latino-Americanos (NELAM) e do Projeto Solidariedade Internacional – Observatório de Conflitos (CUFSA).

*** Bacharel em Relações Internacionais, Centro Universitário Fundação Santo André, membro do Núcleo de Estudos Latino-Americanos e do Projeto Solidariedade Internacional – Observatório de Conflitos (CUFSA).

Resumo

Há anos em foco desde o início da missão de estabilização da ONU, o Haiti chama atenção por sua miséria, violência e fenômenos naturais. Não que estes fatores sejam incomuns ou mesmo novidade, muito pelo contrário, porém, em determinadas regiões esta combinação resulta em um caos e crueldade que se destaca. De uma próspera colônia com eficiência produtiva ao país mais atrasado das Américas, sua história é pautada por escravidão, repressão, miséria e luta, além é claro de governantes que almejavam unicamente ao poder sem realizar nada pela transformação da realidade do país e o impacto dos interesses internacionais na região. A MINUSTAH foi criada para 'auxiliar' na estabilização do país em meio a uma crise política, econômica e social, pois na atualidade, é inadmissível para a comunidade internacional permitir uma situação de caos que pode vir a ser uma ameaça internacional. Após oito anos, o sucesso ou fracasso da missão depende de que ângulo (e de quais fontes) observa-se, porém, o caráter ambíguo inegavelmente está presente. Assistencialismo e intervencionismo disputam espaço nas metas pela reconstrução e estabilização do país.

Palavras-chaves

Assistência Humanitária, Intervenção, Minustah, Haiti, ONU.

Abstract

For years the focus from the beginning of the ONU stabilization mission, the Haiti draws attention for its misery, violence and natural phenomena. Not that these factors are unusual or even new, quite the contrary, but, in certain regions the combination results in chaos and cruelty that stands out. From a thrives colony of productive most efficiency backward country in the Americas, its history is marked by slavery, repression, poverty and struggle, and of course the only rulers who aspired to power without performing any transformation of the country's reality and impact of interest international in the region. MINUSTAH was established to "assist" in stabilizing the country through a political, economic and social crisis, because in actuality is unacceptable for the international community allow a situation of chaos that could become an international threat. After eight years, the success or failure of the mission depends on what angle (and from what sources) is observed, however, the ambiguous characters undeniable presents. Assistance and intervention in the dispute space for reconstruction and stabilization of the country.

Keywords

Humanitarian Assistance, Intervention, Minustah, Haiti, ONU.

Introdução

O Haiti está situado no mar do Caribe e conforma a Ilha de Hispaniola juntamente com a República Dominicana, país com o qual faz fronteira. Porto Príncipe é a capital política, econômica, financeira e cultural do país. Seus habitantes são constituídos aproximadamente por 95% de negros e o restante corresponde principalmente a mulatos. A população do país está concentrada em zonas urbanas, planícies costeiras e vales. Aproximadamente dois terços da população haitiana vivem em áreas rurais do país, e dependem quase que exclusivamente da agricultura como única forma de sobrevivência.

O país conquistou sua independência da França em 1804, após uma revolta de escravos comandada por Toussaint Louverture que se tornou posteriormente governador-geral do país, mas fora derrubado e morto pelos franceses tempos depois. Jean Jacques Dessalines com a ajuda do exército derrotou e expulsou os franceses do território. O Haiti foi o primeiro país a abolir a escravidão nas Américas, e havia sido até o século XVIII o país com melhores condições de desenvolvimento econômico devido a sua eficiente produção de açúcar, cacau e café.

Ainda no período do século XVIII o país era tido com o mais próspero do chamado "novo mundo" dado seu solo fértil que possibilitava uma eficiência produtiva, o que por sua vez chamava a atenção e despertava a cobiça dos colonizadores franceses.

O Haiti possuía uma economia primária, sua eficiência no cultivo de cana-de-açúcar, por exemplo, fez o país atingir um grau de excelência na produção de açúcar, capaz de competir com o açúcar brasileiro no mercado internacional no século XVII. A produção de açúcar do Haiti, juntamente com todo o restante produzido nas Antilhas, resultou diretamente na desvalorização do açúcar brasileiro no mercado europeu. Na atualidade, o açúcar continua sendo seu principal produto para exportação, porém, o país tem ainda uma considerável produção de banana, milho, batata doce e legumes.

O país atravessou períodos de grandes instabilidades política, econômica e social. Ocupações militares, ditaduras, deposição de presidentes, dentre outros fatores contribuíram para que o país fosse vitimado até os dias atuais por uma grave condição, que o coloca entre os países com situações mais precárias do continente.

Assim, uma série de dificuldades vem impedindo seu desenvolvimento, contribuindo para que o país permaneça em uma situação de extrema dependência externa até mesmo em áreas onde o país deveria e poderia ser "autossuficiente". Como exemplo, podemos mencionar a falta de saneamento básico em várias regiões do país, o que implica em esgoto a céu aberto, e a inexistência de um sistema de tratamento de água capaz de garantir um abastecimento que assegure água potável para sua população. A ausência desse tipo de ações evidencia o surgimento crescente de casos de doenças que afetam a população haitiana.

O país carece de uma série de medidas que visem garantir direitos mínimos a seus cidadãos. A partir das informações acessadas nota-se certa dificuldade por parte dos governantes em trabalharem com mais eficiência em temas como cooperação e desenvolvimento, que proporcione ao povo haitiano um desenvolvimento no qual eles sejam condutores e não figurem apenas como "beneficiados" em uma ajuda gerida por outros países.

Política

Após a morte em 1915 do ditador Guillaume Sam, o Haiti foi ocupado pelos EUA até 1934. Durante esse período os EUA buscaram disseminar sua influência pela região. Por meio de sucessivos golpes de estado, François Duvalier (Papa Doc) assume a presidência em 1957 implantando uma sangrenta ditadura com forte repressão ao povo haitiano. Formou milícias chamadas de "Tonton Macoute" (bichos-papões) que cometeram graves atrocidades aos opositores do regime, dentre elas chacinas e estupros. Diferente do período do século XVIII, onde o Haiti era a colônia mais próspera das Américas, François Duvalier que permaneceu no poder até 1971 levou o país a uma situação de extrema pobreza e desigualdade. Com Sua morte em 1971, o poder é transferido ao seu filho (Baby Doc).

Não diferente de seu pai, Baby Doc dá sequência à onda de repressão e violência ao povo haitiano e busca eliminar qualquer tipo de reação contrária a seu governo. Porém, diante das condições desumanas as quais eram submetidos, a população do Haiti procura reagir contra o governo buscando melhores condições de vida. Com o crescimento das mobilizações, Baby Doc declara estado de sítio em 1985. Pouco depois, a bordo de um avião da força aérea dos EUA foge para a França. Na época, o general Henri Namphy (Chefe do Estado-Maior do Exército do Haiti) chefia uma junta militar que fica no poder do país.

Em 1987 é aprovada a constituição que desde então rege a nação haitiana. São convocadas eleições em 1990, e vence o ex-padre católico ligado à teologia da libertação, Jean Bertrand Aristide (eleito com 67% dos votos). Líder do movimento popular Lavalas, Aristide busca num primeiro momento o combate à corrupção e à pobreza. No ano de 1991, Aristide sofreu um golpe militar patrocinado pela Cia. Exilado nos EUA, ele busca ajuda internacional para retornar ao país. Os EUA apoiam a volta de Aristide ao país, desde que haja presença de tropas americanas no território com o objetivo de promover a estabilização do país. Em 1994, Aristide retorna ao Haiti e a partir de então se enceta a presença das tropas militares norte-americanas no país (que pouco depois seria substituída pelas tropas da ONU).

Em 1995, o candidato do Lavalas e apoiado por Aristide, René Préval, é eleito com 87,9% dos votos. Após desentendimento com Préval, Aristide rompe com o Lavalas e cria o Navalas, anunciando sua candidatura nas eleições de 2000 quando foi eleito novamente para o cargo. Acusado pela oposição de manipular as eleições, Aristide enfrenta três anos de protestos e a crise se torna incontrolável. Em fins de 2003, forma-se um movimento de oposição que pedia a renúncia do presidente.

Em 2004, conflitos armados eclodiram pelo país e diante da impossibilidade de controlar a situação Aristide se refugia na África do Sul. O poder fica com Bonifácio Alexandre, presidente da Suprema Corte. Por considerar a situação uma "ameaça à paz e à segurança da região", a ONU estabelece a Missão das Nações Unidas para a Estabilização no Haiti, com o objetivo de garantir a ordem, na qual 6.700 soldados de diversos países, entre eles Brasil, Canadá, Chile, Uruguai e França, são enviados ao país onde permanecem até hoje.

Em 2006, René Préval lança sua candidatura a presidente do país, conseguindo novamente ser reconduzido ao cargo em primeiro turno. Durante os anos em que esteve à frente do governo (1996-2001 e 2006-2011) realizou mudanças na estrutura do país. Ainda que necessárias essas mudanças não surtiram o efeito que o país necessitava, embora algumas ações tenham tido resultados positivos, foram pouco expressivas diante da situação crítica de desenvolvimento que o país vem atravessando ao longo de sua história.

Em 2010, o candidato apontado pelas pesquisas como favorito Michel Martelly ganhou as eleições presidenciais do país em segundo turno contra a ex-primeira dama Mirlande Manigat. Assumindo o comando do país já em 2011, o atual presidente encontra enormes desafios a frente do país, dentre eles sua reconstrução após o terremoto de 12 de janeiro de 2010 que devastou o país, causando sérios danos a sua população tanto no que se refere às vidas humanas como na infraestrutura que já era precária. Diante de tamanho desafio Martelly ainda enfrenta o fato de o país ocupar uma posição que o coloca como o país mais pobre das Américas e entre os mais pobres do mundo.

A Assistência Humanitária Prestada pelo Brasil

A assistência humanitária consiste em uma contribuição prestada de modo a prevenir, proteger, preparar, evitar, reduzir, mitigar o sofrimento que um determinado país ou região possa estar sofrendo em qualquer que seja a situação, buscando dessa forma a preservação dos direitos humanos ou humanitários de sua população.

A concessão desse tipo de assistência por parte do Brasil se baseia na não indiferença e a não ingerência. Adotando os princípios humanitários contidos nas resoluções da ONU 46/182 e 58/114, as quais pregam a humanidade, neutralidade, imparcialidade e independência. Assim, o Brasil presta essa assistência na medida em que recebe por parte do país ao qual se deve destinar tal ação uma lista com suas prioridades, as representações brasileiras então buscarão atender essas solicitações dentro de suas possibilidades. O Brasil presta assistência humanitária tanto de modo bilateral como em conjunto com as Nações Unidas.

Desde o ano de 2006 o Brasil tem fortalecido o emprego de assistência humanitária internacional, por meio do decreto de 21/06/2006 que criou o Grupo de Trabalho Interministerial sobre Assistência Humanitária (GTI-AHI). Entre junho de 2006 e junho de 2009 o país prestou esse tipo de assistência em mais de 35 nações do mundo. O Brasil tem buscado aperfeiçoar a prestação de sua assistência por meio de mecanismos que visam à eficiência, prova disso é a criação em 2009 de um armazém humanitário instalado no Aeroporto Internacional do Galeão, no Rio de Janeiro, para acelerar o transporte aéreo das doações.

O Brasil espera, assim, ajudar os países vítimas desses desastres a uma pronta recuperação. O fomento às compras locais de alimentos da agricultura familiar para o fornecimento de alimentos para as populações atingidas, buscando desse modo o desenvolvimento socioeconômico dessas regiões exemplificam bem esse tipo de ação[1].

Minustah

A Minustah - Missão de Estabilização das Nações Unidas no Haiti - foi criada pela Resolução 1542 (2004) do Conselho de Segurança da ONU, aprovada em 30 de abril do mesmo

1 Informações diponíveis em: http://www.itamaraty.gov.br/temas/assistencia-humanitaria.

ano, é comandada pelo Brasil. Objetivando auxiliar na reconstrução do país através da construção de estradas, no desenvolvimento de tecnologias agrícolas, nas áreas de saúde pública (treinamento de multiplicadores e vacinação em massa), treinamento de magistrados, aperfeiçoamento da educação, entre outras atividades. Além de, colaborar na preparação das eleições que deveriam ocorrer em 2005, imprescindível para estabilizar a situação política do país.

A missão deveria agir a curto, médio e longo prazo, as principais áreas de atuação seriam diálogo nacional e reconciliação; processos eleitorais; construção de instituições; combate ao tráfico de drogas; programas de desarmamento, desmobilização e reintegração de ex-combatentes; respostas à violência contra as mulheres; garantia do abastecimento de alimentos; restauração da saúde pública; combate ao HIV/AIDS; apoio à educação; apoio à preservação do meio ambiente; e programas de geração de emprego[2].

Desta forma, as metas seriam em primeiro momento por meio de força militar pôr fim ao conflito, ao tráfico de drogas e limitar a violência. Agindo em diferentes frentes através de parcerias com organizações e empresas, seriam efetuados projetos de apoio à população, de forma a limitar a situação de extrema miséria vivida pela maioria. A intenção seria não apenas de doar alimentos e roupas, mas apresentar modelos de desenvolvimento social que poderiam ser geridos por eles próprios após a adequada instrução à exemplo dos projetos sociais desenvolvidos aqui no Brasil em comunidades carentes.

2 Fonte: http://www2.mre.gov.br/dcc/haiti.htm.

Haiti Sob Intervenção Humanitária[3]

A notícia da participação do Brasil na missão humanitária foi recebida de forma positiva tanto pelo Haiti quanto pelos países que apoiavam a missão, motivado pelo fato de o Brasil ser um país pacífico, que desde a Guerra do Paraguai não tornou a se envolver em conflitos de grandes proporções e devido à estima favorável de que goza externamente.

Após o golpe em 2004 contra o presidente eleito Jean Bertrand Aristide, que deixou o país numa situação caótica, a ONU cria a Missão de Estabilização das Nações Unidas no Haiti, com forte participação do Brasil. Teoricamente, esta missão assumiria caráter pacífico e de estabilização, mas na prática funcionava como uma forma de repressão, defendendo interesses de pequenos grupos privilegiados e de potências interessadas no país (como os EUA e a França). É fato que a Minustah não gerou melhorias para a população, que denuncia a ação das tropas, mesmo sem expectativas de mudança nas ações.

Um dos objetivos mais claros da Minustah foi tentar desarmar as milícias presentes no país. O projeto se mostrou ineficaz e levou a questionamentos, principalmente nos métodos utilizados de forma torpe, em meio a civis que acabavam se envolvendo no conflito direto entre as tropas e as milícias, que ocorriam abertamente nas ruas e avenidas movimentadas.

A população do Haiti vive em condições subumanas, a falta de estrutura do país é evidente. A convivência com a violência e suas consequências é banalizada: cadáveres são

3 Para este capítulo nos baseamos nas informações do livro *Um soldado brasileiro no Haiti* – depoimento a Ricardo Lísias.

abandonados diariamente nas ruas sem gerar grandes comoções ou alterar o ritmo das atividades. Além da carência de estrutura para lidar com essa circunstância, as tropas são coniventes com a situação, ignorando todo o cenário que os envolve. Os fenômenos naturais também são constantes no país, contribuindo para piorar as condições de penúria e evidenciar a falta de estrutura.

A violação dos direitos humanos é muito presente no Haiti, inclusive por parte das tropas. Várias manifestações populares ocorrem, exigindo o retorno do presidente e a retirada das tropas militares estrangeiras, e todas elas são reprimidas pela polícia e pelas tropas da Minustah, que resultam em mortes desnecessárias de civis, incluindo crianças.

O abuso do poder é desmedido, e as acusações envolvem omissão das tropas em relação à violação de direitos humanos cometida por parte da polícia nacional, que é despreparada e não consegue conter a demanda do país.

Além disso, o envolvimento de membros da Minustah com prostituição e abuso sexuais de mulheres e adolescentes tem se tornado comum na realidade do país. O problema está em um estado tão crítico que mulheres e adolescentes se submetem à prostituição por comida, eletricidade e outros objetos de necessidade. O órgão responsável pela investigação destes casos relata que a maioria dos soldados das forças de paz envolvidos são mandados de volta ao seu país antes do final da investigação, muitas vezes ficando impunes e deixando para trás crianças resultantes de abusos sexuais e prostituição.

A permanência da Minustah é prolongada cada vez mais, apoiada pelos EUA, que busca fortalecer sua posição geográfica estratégica e o fortalecimento militar no continente. A Minustah, que era tida como "tropas de missão de paz", passa a ser vista pela população e pelos defensores dos Direitos Humanos como "ocupação militar".

Segundo Ruppenthal (2007), um dos objetivos das tropas era o de garantir e proteger a propriedade privada da elite. Suspeitava-se até que a classe dominante do Haiti era quem financiava as milícias dentro das favelas, as tropas também as invadiam em busca de milicianos e realizavam batidas na expectativa de encontrarem armamentos.

Estas ações foram extremamente incomuns e equivocadas, pois o exército é preparado para garantir a integridade do território nacional e não para assumir o papel de polícia, na tentativa de garantir a segurança pública.

No início da missão, a população do país sentia uma evidente simpatia pelos soldados brasileiros, acreditando que eles estivessem lá para uma missão humanitária que traria a solução para seus problemas ou, pelo menos, conseguiriam combater a crescente violência que vinha se tornando alarmante. Porém, desde o início as tropas saíram em busca de milicianos, entrando em favelas, participando de tiroteios e cruzando incessantemente com cadáveres no meio da rua. Tudo isso aos poucos resultou no aumento da violência. Os soldados brasileiros receberam ordens para revidar qualquer agressão, de se afastarem das pessoas e deixarem a simpatia de lado. A população, então, começou a se voltar contra eles, pois a violência havia aumentado e a contribuição das tropas para conter a situação foi irrisória.

A princípio, os soldados haviam recebido um "treinamento" para participar da reconstrução do país e prestar auxílio a pessoas que viviam em condições subumanas. Entretanto, os soldados não foram preparados para a situação com que se deparariam no Haiti, assim, a missão não foi executada tal como divulgada.

Passado algum tempo da presença de tropas estrangeiras no país, começaram então a surgir fatos isolados sobre possíveis ações que contrariavam os princípios e objetivos da operação da Minustah. Logo, surgiram denúncias tanto por parte da população civil como de entidades que se encontram no país e que têm desenvolvido trabalhos no intuito de levar outra forma de ajuda ao Haiti, baseada, sobretudo, na busca pelo desenvolvimento das capacidades de sua população. Foi também através dessas instituições que chegaram as primeiras denúncias de graves violações dos direitos humanos cometidas inclusive por soldados de países que compunham as tropas.

As acusações de violação dos direitos humanos levaram a ONU e outras organizações internacionais a realizarem uma investigação com o objetivo de apurar e punir os culpados, caso fosse comprovada qualquer ação que desrespeitasse ou contrariasse os objetivos da Minustah no Haiti.

Possivelmente uma das denúncias que mais tenha gerado repercussão foi as ações praticadas por soldados uruguaios que faziam parte do efetivo no país. Quatro deles foram acusados de abusar de um jovem haitiano de 18 anos, as imagens de tal ato foram capturadas através de um celular e divulgadas na internet, os soldados declaram ter se tratado de uma brincadeira de mau gosto com um conhecido. Diante de tal ação de descumprimento de função, evidentemente cresceu o descontentamento da população com a presença das tropas no país. Esses atos cometidos pelos soldados uruguaios levaram o governo do Uruguai a realizar uma apuração das denúncias e juntamente com outras autoridades tomar medidas que visassem punir os culpados. Foram realizados exames que comprovaram as denúncias feitas, o que acarretou na demissão do chefe do batalhão uruguaio. Segundo o general brasileiro Luiz Eduardo Ramos Pereira, comandante da Minustah na época desses acontecimentos, os culpados deveriam voltar ao Uruguai como também serem julgados por esse país pelos atos injustificáveis.

Após este episódio com os soldados uruguaios, outras denúncias de abuso das tropas chegaram à mídia. Ainda que, causando menos estardalhaço, esses novos casos contribuem para piorar a imagem da missão que estaria lá para auxiliar na reconstrução.

Há muitas controvérsias a respeito da presença da Minustah no Haiti. Seu papel de atuar como uma força de paz em um país onde não há de fato outro tipo de guerra que não a luta contra a pobreza e as condições cada vez mais precárias de sobrevivência, coloca em xeque os reais objetivos da intervenção e o que de fato tem presenciado organizações de direitos humanos ou qualquer outra entidade que esteja trabalhando no país no intuito de prestar algum tipo de assistência à população haitiana.

Para os contrários à presença do efetivo sob o comando do Brasil no país, o Haiti necessita sem dúvida de uma ajuda vinda de fora, porém de uma ajuda que consista em uma assistência que garanta à própria população haitiana a decisão sobre os rumos do país. Torna-se necessário um sistema que garanta os direitos humanos de sua população sem que essa esteja sujeita a tropas estrangeiras no país, fazendo com que haja um sentimento de "vigiados em sua própria casa".

O fato de o país durante décadas ter presenciado um cenário de total instabilidade política não significa, no entanto, que ele deva ser comandado por um efetivo militar. É necessário que haja um fortalecimento da instituição nacional do país com vistas a garantir a todos os haitianos uma condição de vida mais justa e mais humana.

No início deste ano, foi anunciada a previsão de redução das tropas em quase 20%. Esta redução já era aguardada a muito tempo, desta vez, o prazo é até outubro de 2012 para que as tropas sejam reduzidas pouco a pouco aos números de antes do terremoto. Será instalada uma comissão que em longo prazo avaliará a segurança à medida que as tropas sejam reduzidas. Celso Amorim enfatizou a necessidade de uma mudança progressiva do viés de segurança para o de desenvolvimento. O ministro da Defesa considerou a missão cumprida ao citar as eleições realizadas e a redução na violência, a continuação da missão seria transferir o papel de controle da violência para a polícia, porém, não há previsão para a retirada total das tropas[4].

Onda de Migração

Desde o terremoto que devastou parte do país em 2010, milhares de haitianos emergiram em uma situação que os deixou mais necessitados de ajuda do que já estavam. Posteriormente à catástrofe, parte da população que conseguiu se reerguer após perder familiares, amigos (e, em alguns casos perderem toda a família), travaram mais um combate entre os tantos outros já assumidos anteriormente. Buscam sobreviver com o pouco que restou ou mesmo tentar se sobressair sem nada, partindo do zero ou de uma ou outra ajuda conseguida por meio de organizações, movimentos e em alguns casos governos que se estabeleceram no país logo após o terremoto. Com a ajuda externa o país já parecia mergulhado num poço sem fundo, sem essa ajuda seria impossível imaginar o Haiti coordenando as ações de reconstrução do país.

Resultando da contínua presença das tropas da Minustah, do caos político econômico e social do país, e dos fenômenos naturais que castigam o lugar, temos acompanhado um

4 Fonte: BBC.

movimento migratório de cidadãos haitianos que têm saído do país caribenho na expectativa de uma vida melhor em outros países. No caso específico do Brasil, diariamente centenas de haitianos desembarcam ilegalmente no norte do país por meio da fronteira entre Brasil e Peru. Ao atravessarem esses migrantes se estabelecem em pequenas cidades, onde recebem ajuda de igrejas ou entidades assistenciais, essa ajuda consiste em alimentação, doação de roupas, etc.

Em um primeiro momento, esses cidadãos haitianos conseguem trabalhos como serventes ou mesmo pedreiros em construções de casas, serviços sem registro e que não exigem documentos. Esses trabalhos são os mais frequentes, uma vez que esses migrantes se encontram indocumentados no país e qualquer tentativa de burlar a lei coloca em risco sua estadia e que pode ocasionar sua deportação para o Haiti. Assim, muitos deles optam por enfrentar esse tipo de trabalho a ter que voltar para o país que ainda não pode oferecer uma condição favorável. Muitos ainda trabalham aqui por um período e planejam enviar remessas ao Haiti para que outros familiares, esposas, filhos também se desloquem para o Brasil e a partir daqui construir uma vida nova.

No entanto, o que mais preocupa não só aos haitianos, senão também aos governos é essa indocumentação e irregularidade ao entrar no Brasil. A travessia é feita por meio de coiotes, que cobram valores relativamente altos para intermediar a viagem. Dessa forma, o migrante ao chegar ao país aceita a primeira opção de trabalho que lhe for oferecida para saldar a dívida contraída com as quadrilhas.

Importante ressaltar que essas travessias oferecem grandes riscos aos haitianos que, ainda assim, preferem arriscar a própria vida a ter que continuar vivendo em um país que por enquanto não comporta melhorias para todo seu povo.

Considerações Finais

O Haiti enfrenta um grave problema de desenvolvimento em todos os seus setores há décadas. Desde então, o país tem sido órfão de instituições nacionais eficientes já que se mostraram incapazes de minimizar os efeitos decorridos ao longo de todo esse período.

O país carece de um sistema político mais sólido, de uma economia muito mais desenvolvida e principalmente da implementação de políticas públicas eficientes que garantam o que de fato é mais ausente no país caribenho, um desenvolvimento sustentável voltado para atender as necessidades urgentes da população haitiana. Não é possível haver o desenvolvimento de um país sem que haja uma melhoria significativa da qualidade de vida de seu povo.

Hoje é o país mais atrasado das Américas, e, portanto, goza de uma condição muito inferior se comparado aos demais países da região. Porém, essa condição desumana na qual o país se encontra pode ser classificada como algo imposto por potências estrangeiras que se estabeleceram nesta terra com o objetivo claro de atender aos seus interesses. O país caribenho era tido como o mais próspero da região, o que certamente chamou a atenção de tais potências na busca de matérias-primas ou de qualquer outro tipo de recurso encontrado em seu território.

As sucessivas intervenções externas, assim como a ineficiência de governos que enquanto estiveram no poder buscaram dar mais prioridade aos interesses internacionais do que aos interesses internos, contribuíram para que fosse instalado no país um ambiente de instabilidade política.

Assim, podemos perceber que o Haiti esteve governado em certos períodos de sua história por "mãos de ferro", onde os governos instauraram um regime repressivo com o apoio de países imperialistas sem qualquer interesse em manter a soberania do país.

Ainda que a infraestrutura seja ineficiente, o que por sua vez limita qualquer país na tentativa de buscar se desenvolver, sua população continua com a mesma esperança de seus antepassados, que mesmo desprovidos de qualquer meio venceram as tropas europeias, se tornando um exemplo para a América como única revolução negra iniciada e vencida por meio da revolta dos escravos.

Qualquer intervenção externa, ainda que em um primeiro momento busque prestar apoio, sujeita o país a certas condições que podem não ser benéficas para parte de seu povo, acuando parcelas da população mediante a presença de soldados fortemente armados, quando na verdade, a guerra pela qual o país passa não se trata de um conflito com outro país e sim uma guerra contra seu próprio subdesenvolvimento que tende a se agravar cada vez mais, caso não sejam tomadas medidas emergenciais para resgatar seu desenvolvimento.

Não será por meio das armas ou mesmo de tanques que o país alcançará os propósitos almejados, mas sim por meio de uma priorização da luta contra as desigualdades e o subdesenvolvimento.

No caso do Haiti, se levado em conta o contingente de soldados que ali foram enviados e analisadas as reais condições as quais sua população está submetida, em seguida será possível discordar da participação das tropas, evidentemente, essa discordância em relação à presença da Minustah não é em sua totalidade, porém, parte desse efetivo poderia ser substituído por alguma outra espécie de ajuda, como o envio de profissionais especializados em determinados ramos de atividades seriam de grande valia e melhor proveito, como por exemplo, o envio de médicos, enfermeiros, agrônomos, professores, entre outros. Estes poderiam gerar maiores resultados, uma vez que uma melhoria na saúde da população, além de melhor instrução às crianças e jovens, e mesmo aos adultos tornaria o Haiti cada vez mais preparado para enfrentar os desafios pelos quais o país ainda deverá percorrer.

É perceptível que a presença das tropas no país não foi capaz de garantir a plena segurança de sua população. Os casos de violência continuaram acontecendo, o que levou a uma série de assassinatos em diversos pontos e principalmente nas periferias do país. A morte de jornalistas e pessoas que investigavam as ações de desrespeito aos direitos humanos levou parte da população a ter uma visão negativa sobre as até então denominadas "forças de paz". Nas favelas do país crescia constantemente as ondas de violência que acarretaram na morte inclusive de inocentes, ora provocadas pela atuação de gangues, ou como para muitos haitianos pelas tropas da ONU que atuam no país.

Porém, a procrastinação da redução ou da retirada das tropas não mudará os resultados destes anos da missão. A operação demonstrou-se ineficaz, não foi capaz de realizar a estabilização, não melhorou a estrutura do país, nem tampouco conseguiu controlar a violência. Talvez, sua maior realização tenha sido após o terremoto, prestando socorro às vítimas, porém, diante da onda de migração haitiana que segue para os países mais próximos, torna-se claro que os esforços pela reconstrução foram insuficientes.

O Haiti é mais um exemplo de tantos outros que já ocorreram e irão ocorrer, de que tropas militares não asseguram a paz ou diminuem a miséria de um país. A população não precisa ter armas ao seu redor, precisa de desenvolvimento, e este só ocorrerá por meio de equipes especializadas em cada área.

Com o terremoto que atingiu o país em janeiro de 2010, a situação se agravou em todos os níveis. O Haiti que já tinha sua economia, sistema de saúde entre outros fatores essenciais para sua população em situações alarmantes passa a conviver com dificuldades ainda maiores que até os dias atuais impedem sua reconstrução.

Em meio aos trágicos acontecimentos que assolaram o país, sua população foi vitimada por uma onda de doenças como epidemias de cólera, além do eminente risco de infecções que a população corre, dada a falta de instrumentos hospitalares que o país possui. Todos esses fatores foram prejudiciais à população haitiana, somados ao caos sanitário existente no país por conta de um serviço público de saneamento básico praticamente inexistente em diversas áreas do país.

Além disso, há diversas questões que travam o desenvolvimento do país, a comunidade internacional tem feito esforços na tentativa de ajudar o Haiti por meio do envio de medicamentos, água e alimentos para minimizar os efeitos trágicos sentidos cada vez mais por sua população.

Embora essas ações demonstrem de certa forma uma preocupação dos países com o que se passa no Haiti, é bem verdade que essa ajuda poderia consistir em algo que de fato garantisse à médio e longo prazo o desenvolvimento do país, investimentos em programas sociais com o objetivo de desenvolvimento local, que poderia ser realizado através da criação de cooperativas de trabalhadores são exemplos de ações que permitiriam uma alavancagem na construção da infraestrutura do país.

Porém, é evidente que esse tipo de desenvolvimento de que o país necessita só será possível mediante um esforço coletivo de governantes e também de sua população. É imprescindível que o Haiti tenha sua soberania garantida e possa decidir sobre seu próprio futuro, sem uma intervenção estrangeira em seu país que vise qualquer outro objetivo exceto o de cooperar com seu desenvolvimento. Os esforços realizados pelos países do mundo na tentativa de minimizar os efeitos danosos sobre o país são válidos, porém insuficientes diante da demanda que o país necessita para sua reconstrução.

A atuação de entidades sem qualquer ligação com as tropas, possibilita o conhecimento global de uma visão muito diferente daquela passada pelos que apoiam a presença desses efetivos. Assim, foi possível tomarmos ciência de alguns dos atos de descumprimento dos direitos humanos praticados por alguns soldados.

Finalmente, sem uma transformação completa nas ações realizadas pelas tropas e nos objetivos delineados, provavelmente esta missão deverá ser mantida por muito tempo, apesar dos rumores de que as tropas serão diminuídas aos poucos até que seja possível a completa retirada. Esperamos que não siga o mesmo caso das tropas norte-americanas no Iraque.

Espera-se que o Haiti enfrente nos próximos anos o desafio da reconstrução de uma forma autônoma e, qualquer que seja a ajuda vinda de fora, que ela consista em algo muito além da presença de um efetivo militar. Que ela se dê na forma de uma cooperação entre países, que possibilite o quanto antes o desenvolvimento social por meio da construção de escolas, hospitais e de uma infraestrutura capaz de fazer o país se desenvolver também economicamente, aliás, todas essas questões estão entrelaçadas, de modo que um necessita do outro para se consolidar. Não se pode ter o desenvolvimento econômico de um país se não há um desenvolvimento de sua população para atender essa mudança de patamar econômico.

A participação do país em organismos internacionais, e principalmente nos de âmbito regionais consiste em um elemento fortalecedor de ajuda ao país. Uma maior interação em organismos ou em iniciativas de integração regional como a recém-criada CELAC eleva o potencial do país ao contribuir como mais um membro e em troca tirar proveito de seus resultados.

Também cabe mencionar a busca do atual presidente do país Michel Martelly em ampliar e fortalecer seus laços com o maior número possível de países, principalmente da América Latina. Ainda que, ao que se percebe, Martelly possui vínculos muito próximos dos EUA, o que não evitou o país caribenho de participar de criação da própria CELAC (que exclui EUA e Canadá), de manter relativa proximidade e busca da ampliação dos laços com países que constituem a ALBA-TCP de posições contrárias ao governo de Washington, como é o caso de Cuba e Venezuela. Tanto para o presidente haitiano quanto para os países latino-americanos, o Haiti é um parceiro a mais, que por sua vez busca cada vez mais aliados que de uma forma ou de outra possam contribuir para o seu desenvolvimento.

Referências

RUPPENTHAL, T. (2007). *Um soldado brasileiro no Haiti* - depoimento a Ricardo Lísias. São Paulo, Brasil: Globo.

Eletrônicas

Abuso e falta de transparência nas punições prejudicam imagem da Minustah. Disponível em: http://operamundi.uol.com.br/conteudo/reportagens/15536/abusos+e+falta+de+transparencia+nas+punicoes+prejudicam+imagem+da+minustah.shtml. Acesso em: 29 nov. 2011.

Alliance Haiti. Disponível em: http://www.alliance-haiti.com/ en/ societe/ technique/ geographie.htm. Acesso em: 15 fev. 2012.

Amorim: Permanência indefinida no Haiti daria 'falsa sensação de conforto'. Disponível em: http://www.bbc.co.uk/ portuguese/noticias/2012/02/120126_amorim_entrevista_ dg.shtml. Acesso em: 8 fev. 2012.

Assistência Humanitária. Disponível em: http://www.itamaraty. gov.br/temas/assistencia-humanitaria. Acesso em: 23 nov. 2011.

BBC. Disponível em: http://www.bbc.co.uk/portuguese/.

Carta Maior. Disponível em: http://www.cartamaior.com.br/ templates/index.cfm.

Consulado Geral do Haiti – São Paulo. Disponível em: http:// www.consuladohaitisp.com.br/. Acesso em: 23 nov. 2011.

Entidades da sociedade civil pedem fim da missão de estabilização. Disponível em: http://www.cartamaior.com.br/templates/ materiaMostrar.cfm?materia_id=10030. Acesso em 29 nov. 2011.

Ex-comandante revela que deu permissão para tropa abrir fogo contra supostos bandidos. Disponível em: http://www.cartamaior.com. br/templates/materiaMostrar.cfm?materia_id= 12304. Acesso em: 29 nov. 2011.

Dados básicos e evolução política da República do Haiti. Disponível em: http://www.dw-world.de/dw/article/0,1893055,00.html.

DW-WORLD.DE Deutsche Welle. Disponível em: http://www.dw-world.de/dw/0,607,00.html.

Haiti. Disponível em: http://www2.mre.gov.br/dcc/haiti.htm. Acesso em: 7 set. 2011.

Ministério das Relações Exteriores. Disponível em: http://www.itamaraty.gov.br/.

Minustah. Missão de Estabilização das Nações Unidas no Haiti: Disponível em: http://www.un.org/es/peacekeeping/missions/minustah/.

Nosso povo continuará resistindo às tropas de ocupação da ONU. Disponível em: http://www.cartamaior.com.br/templates/materiaMostrar.cfm?materia_id=16103. Acesso em: 29 set. 2011.

ONU: soldados acusados de estuprar jovem. Disponível em: http://www.itamaraty.gov.br/sala-de-imprensa/selecao-diaria-de-noticias/midias-nacionais/brasil/o-globo/2011/09/06/onu-soldados-acusados-de-estuprar-jovem-primeira. Acesso em: 29 nov. 2011.

Opera Mundi. Disponível em: http://operamundi.uol.com.br/.

Organização das Nações Unidas. Disponível em: http://www.un.org/.

Parem o massacre no Haiti. Disponível em: http://www.pcb.org.br/portal/ index.php? option= com_content&view=article&id=2385:parem-o-massacre-no-haiti&catid=43:imperialismo.

Partido Comunista Brasileiro. Disponível em: http://www.pcb.org.br/portal/index.php.

Resolución 1542 (2004). Disponível em: http://daccess-dds-ny.un.org/doc/ UNDOC/ GEN/N04/ 333/01/PDF/N0433301.pdf?OpenElement. Acesso em: 29 nov. 2011.

Resolución 1576 (2004). Disponível em: http://daccess-dds-ny.un.org/doc/ UNDOC/ GEN/N04/ 626/15/PDF/N0462615.pdf?OpenElement. Acesso em: 29 nov. 2011.

A POLÍTICA INTERNACIONAL NOS GOVERNOS LULA: UM DEBATE BIBLIOGRÁFICO

TATIANA BERRINGER*

* Doutoranda e mestre em Ciência Política pela Unicamp e bacharel em Relações Internacionais pela Unesp.

Resumo

Este artigo pretende apresentar uma análise da relação entre a política externa dos governos Lula (2003-2010) e os interesses de uma fração da burguesia brasileira que denominamos burguesia interna. A nossa hipótese é que houve uma mudança na atuação internacional do Estado brasileiro. Buscaremos estabelecer um diálogo entre a nossa análise e três importantes autores que também defendem que houve uma mudança entre política externa dos governos Lula e FHC, são eles: TulloVigevani e Gabriel Cepaluni, Maria Regina de Soares Lima e Amado Luis Cervo.

Palavras-chaves

Governo Lula, política externa, política internacional.

Abstract

This paper analyzes the relationship between foreign policy of Lula (2003-2010) and the interests of a fraction of the Brazilian bourgeoisie that we call the internal bourgeoisie. Our hypothesis is that there was a change in the international performance of the Brazilian state during this period. We intend o talk with three important analyses also argue that there was a change in foreign policy between the FHC and Lula governments, are them: TulloVigevani e Gabriel Cepaluni, Maria Regina de Soares Lima e Amado Luis Cervo.

Keywords

Lula government, foreign policy, international politics.

Bloco de Poder, Burguesia Interna e Política Externa do Estado Brasileiro

O objetivo deste artigo é estabelecer um diálogo com os importantes trabalhos de Amado Luis Cervo, Maria Regina de Soares Lima, Tullo Vigevani e Gabriel Cepaluni e a perspectiva marxista poulantziana. Iniciaremos apresentando a nossa análise e, em seguida, apresentaremos os três trabalhos dos autores supracitados. Nas considerações finais, faremos um balanço entre as diferentes perspectivas apresentadas ao longo do artigo.

Nosso objetivo é demonstrar a relação existente entre o bloco no poder e a política externa de um Estado capitalista.

Bloco no poder é o conceito formulado pelo marxista Nicos Poulantzas (1968) para indicar a existência de uma *unidade contraditória* entre as classes dominantes sob a hegemonia de uma fração. Segundo Poulantzas, a burguesia não é uma classe homogênea, ela se divide em frações de classe em função de interesses políticos comuns: política cambial, política de créditos, redução de tarifas, entre outros. O bloco no poder reúne as diferentes frações da classe dominante, mesmo que isso signifique para algumas frações um sacrifício de interesses específicos. A *unidade* do bloco no poder decorre do seu objetivo político comum: a manutenção da propriedade privada dos meios de produção e a reprodução do trabalho assalariado; a natureza *contraditória* dessa unidade decorre do fato de a política econômica priorizar os interesses da fração hegemônica do bloco no poder, relegando a um plano secundário os interesses específicos das demais frações.

Burguesia interna é um conceito formulado pelo marxista Nicos Poulantzas para caracterizar uma fração da classe dominante, que em uma formação social dependente, ocupa uma posição intermediária entre a burguesia compradora[1] e a burguesia nacional[2]. Esta fração mantém relações complexas com o capital imperialista, pois apresenta elos de dependência frente ao processo de internacionalização da produção e concentração internacional de capital, e ao mesmo tempo, possui base de acumulação própria (na sua formação social). Para Poulantzas, a burguesia interna pode apresentar divergências pontuais com o capital imperialista uma vez que visa limitar a presença deste capital no seu território e concorrer internacionalmente com o capital imperialista. Vale dizer que há uma dissolução da autonomia política e ideológica desta fração, e, portanto, não há uma predisposição por parte dela em construir uma aliança com as classes dominadas, ou melhor, a burguesia interna não tem pretensões de tornar-se nacional, leia-se anti-imperialista, uma vez que é dependente da dinâmica do capital imperialista (POULANTZAS, 1978, p. 77-78).

A burguesia interna brasileira, de acordo a hipótese do Projeto Temático "Classes sociais e política no capitalismo neoliberal" no qual inserimos esta pesquisa, ocuparia, no interior do bloco no poder, uma posição intermediária entre o capital financeiro fração hegemônica no capitalismo neoliberal e o capital médio voltado para a indústria de bens de consumo popular. É uma fração heterogênea que reúne diversos setores: indústria de manufaturados, empresas de construção civil, empresas do agronegócio, empresas

---

1 A burguesia compradora é a fração que não tem base própria de acumulação e que se comporta como agente do capital imperialista. Seus interesses são subordinados ao imperialismo (POULANTZAS, 1978, p. 76-77).

2 A burguesia nacional, por sua vez, é a fração autóctone, que possui base de acumulação própria dentro do Estado e tem autonomia política e ideológica frente ao capital imperialista. Esta fração pode adotar, em determinadas conjunturas, posições de aliança com as classes dominadas em uma luta anti-imperialista e/ou de libertação nacional (POULANTZAS, 1978, p. 76).

estatais, mineradoras, entre outros. Seguimos a hipótese do Projeto Temático tendo como foco a política externa. Nesse sentido, a nossa hipótese é que esta fração teria se unificado em torno de interesses comuns, que fundamentalmente foram: 1) a conquista de novos mercados para exportação de seus produtos; 2) a realização de investimentos diretos no exterior; 3) a prioridade para seus produtos e serviços nas compras do Estado e das empresas estatais 4) uma maior proteção ao mercado interno. Vale dizer, a burguesia interna teria reivindicado o apoio multifacetado do Estado para se inserir no mercado mundial e aumentar sua presença no mercado interno, ou seja, para concorrer com o imperialismo. Segundo a nossa hipótese, foi justamente por isso que os principais focos de atuação internacional do Estado foram a ênfase nas relações sul-sul; a prioridade dada à América do Sul; a Rodada Doha da Organização Mundial do Comércio (OMC); e as negociações e o arquivamento da proposta da Área de Livre Comércio das Américas (ALCA).

Para nós, houve uma mudança na política externa do Estado brasileiro durante os governos Lula, e que essa mudança estaria ligada a uma nova configuração do bloco no poder. Vale dizer que não se trata de uma relação mecânica entre o interesse da burguesia e uma ação política: a aproximação com um determinado país não necessariamente visa atingir um interesse específico da burguesia brasileira como um acordo bilateral de comércio ou a instalação de uma empresa brasileira naquele território. A política deve ser entendida com uma síntese de múltiplas determinações e nesse caso, a relação entre a política externa e os interesses do bloco no poder deve levar em conta a diretriz e objetivo principal da inserção internacional do Estado em uma determinada conjuntura política nacional e internacional.

Nesse sentido, para nós, o foco da política externa dos governos Lula foram as relações sul-sul e, especialmente, a América Latina, África, China e Índia, determinados pela trajetória política de ascensão da burguesia interna. Enquanto nos governos de Fernando Henrique Cardoso (FHC), o foco da política externa foram as relações com os Estados imperialistas – Estados Unidos e Europa – e o grande capital financeiro nacional e internacional foi o principal beneficiário da política governamental. Esse privilégio ao capital financeiro se justifica, para nós, na adesão às normas e diretrizes dos organismos financeiros internacionais (FMI e BM) cuja materialização foram a abertura comercial, as privatizações das empresas estatais, a redução nos gastos do Estado e outros. A diferença entre os governos Lula e FHC também se expressa pelo papel do Banco Nacional de Desenvolvimento Econômico e Social (BNDES), cujo foco na década de 1990-2000 foi o apoio às privatizações das empresas estatais e dos serviços públicos, e a partir de 2003 o foco mudou para o financiamento às empresas exportadoras e aquelas que se internacionalizaram.

No que se refere ao novo papel político que o Estado brasileiro passou a desempenhar no cenário internacional, destacamos: a liderança e protagonismo do Estado brasileiro na missão humanitária no Haiti; a criação da coalizão Índia, Brasil e África do Sul (IBSA); e o grupo dos 20 (G-20). Este último pode ser considerado o primeiro passo desta nova postura do governo. Em junho de 2004, durante a Conferência das Nações Unidas para Comércio e Desenvolvimento (UNCTAD), o Presidente Lula propôs a formação desta coalizão de países dependentes para atuar nas negociações da Organização Mundial do Comércio, na luta contra o protecionismo agrícola dos Estados Unidos e União Europeia. Por intermédio do G-20, o Estado brasileiro se lançou como protagonista na reivindicação pelo desenvolvimento e pela democratização das instituições internacionais, postura que se aprofundou ao longo dos governos Lula.

Em relação às divergências pontuais com o imperialismo, que confirmariam a hipótese de fortalecimento da burguesia interna no interior do bloco no poder, destacamos algumas ações nas quais o Brasil e os Estados Unidos tiveram posições divergentes e conflitantes na política internacional. São elas: a desaprovação da invasão ao Iraque em 2003, o posicionamento na negociação sobre a produção de urânio enriquecido no Irã, o acolhimento do presidente Manuel Zelaya na embaixada brasileira em Honduras, a relação com o Estado venezuelano e com o Estado boliviano, a instalação das bases militares estadunidenses na Colômbia, entre outras. Acreditamos que esse protagonismo do Estado brasileiro na região valeu-se da oportunidade criada pela diminuição da importância da América Sul na política externa dos Estados Unidos após a queda das Torres Gêmeas em 2001. Visto que este fato impulsionou a política antiterrorista e o direcionamento geopolítico para o Oriente Médio: invasão do Afeganistão e Iraque, entre outros.

Também houve algumas ações internacionais do Estado brasileiro no âmbito da América do Sul que foram alvo de críticas da imprensa nacional e da oposição ao governo, a saber: a renegociação do acordo da hidrelétrica de Itaipu com o Paraguai; a revisão do acordo da Petrobrás na Bolívia após a nacionalização dos hidrocarbonetos; e a entrada Venezuela no Mercosul[3], entre outros.

3 Vale dizer que ainda se espera a aprovação do congresso paraguaio para a entrada da Venezuela no Mercosul.

As Análises sobre as Mudanças na Política Externa Brasileira

Dito isto, passemos aos importantes trabalhos de Amado Luis Cervo, Maria Regina de Soares Lima, Tullo Vigevani e Gabriel Cepaluni. Esses autores procuram se distanciar da corrente realista e analisar a política externa dos governos Lula sob outros aportes teóricos. No entanto, avaliamos que estes estudos não incorporam as contradições e disputas internas das diferentes classes e frações de classe da sociedade brasileira para analisar o que determinou a mudança da política externa dos governos FHC e Lula.

Apresentaremos brevemente essas análises para, então, evidenciarmos as diferenças com o enfoque teórico que estamos propondo.

Vigevani e Cepaluni (2007) tomam por base a teoria construtivista e o modelo de Hermann. Segundo eles, as mudanças na atuação internacional do Estado brasileiro nos governos Lula teriam sido determinadas pelas diferentes ideias dos presidentes e dos burocratas e pelo novo contexto político internacional, ou melhor, por choques externos: ataques às Torres Gêmeas em Nova York em 11 de setembro de 2001 e pelas dificuldades da Rodada Doha. Nesse sentido, a substituição do ministro de Relações Exteriores (MRE) Celso Lafer por Celso Amorim, a entrada do Secretário Geral Samuel Pinheiro Guimarães, e do assessor para assuntos externos da presidência Marco Aurélio Garcia, teriam sido os motivos que possibilitaram a mudança da política externa.

Vigevani e Cepaluni caracterizam de "autonomia pela diversificação" a política externa dos governos Lula, e a dos governos Fernando Henrique Cardoso de "autonomia pela participação". De acordo com os autores, essa segunda caracterização de política externa seria definida pela adesão aos regimes internacionais de cunho liberal a fim de influenciar a formulação das regras e normas do sistema internacional hegemônico, sem que com isso se dê uma perda da capacidade de gestão política do país. Já a política externa de "autonomia pela diversificação" seria definida pela adesão às normas e regras internacionais a partir das alianças sul-sul e também pelo fortalecimento de acordos com parceiros não tradicionais - China, África, Índia, Oriente-Médio. Para os autores, o governo Lula teria defendido com maior ênfase a soberania e os "interesses nacionais" do que seu antecessor.

Amado Cervo (2008), por sua vez, opera através de tipologias do Estado. Segundo ele, de 1930 a 1980 prevaleceu no Brasil o "Estado desenvolvimentista", o qual se caracterizou pela autonomia da política externa e teve como foco a busca pelo desenvolvimento econômico nacional como forma de romper com a dependência econômica brasileira. Esse modelo teria sido abandonado pelos governos neoliberais a partir de 1990 devido a uma maior submissão ao centro hegemônico do capitalismo e a dissolução da economia nacional. O Estado nesse contexto seria caracterizado pelo autor como "Estado normal": subserviente aos mandos dos centros hegemônicos de poder e destrutivo e regressivo, do ponto de vista do núcleo econômico nacional.

Segundo esse autor, a partir das mudanças ocorridas no cenário internacional e nacional com os atentados às Torres Gêmeas em 2001 e a crise cambial de 1999, o Brasil teria dado início à construção do "Estado logístico". Devido às dificuldades econômicas e políticas daquele período, o governo FHC buscou estreitar o relacionamento com a China, Índia e África do Sul e pleiteou um equilíbrio nas negociações econômicas internacionais, como na ALCA. No entanto, para

Cervo, foi no governo Lula que se fortaleceram as alianças com os países periféricos e se concretizou uma política externa de enfrentamento das regras e normas dos países centrais nas negociações comerciais. O "Estado logístico" busca uma inserção madura no cenário internacional: fortalece o núcleo econômico nacional e opera em defesa dos "interesses nacionais" no plano internacional. Por isso, o aparato estatal logístico apoia e financia a internacionalização das empresas brasileiras e dá suporte às empresas exportadoras por meio dos bancos nacionais e do próprio BNDES.

Segundo Lima (2006a), a política externa é um dos maiores sucessos do governo Lula, a qual despontou, desde o princípio, como uma atuação politicamente orientada às relações com o "Sul", inovando a postura brasileira tradicionalmente coligada ao "Norte". Nesse sentido, a diplomacia refletiria três vetores conceituais basilares: a autonomia, o pragmatismo e a não indiferença. A autonomia diria respeito ao não alinhamento automático com os Estados Unidos e à influência na elaboração de normas e regras favoráveis aos países do Sul; o pragmatismo estaria ligado à constituição dos grupos e coalizões de negociações como G-20 (grupo de países para influir nas negociações multilaterais), visando à liberalização dos produtos agrícolas na OMC e o posicionamento geoestratégico do Brasil no mundo; a não indiferença seria atribuída ao compromisso internacional com as questões sociais.

Para essa mesma autora (2006a), a estrutura de insulamento do Itamaraty permitiu maior liberdade e independência para a política externa quando comparada às instituições formuladoras das políticas sociais. Parte da legitimidade desta política externa estaria relacionada à percepção das elites acerca da mesma como um instrumento importante para o desenvolvimento nacional. A autora aponta como desafio para o plano doméstico a aproximação com a sociedade civil, que além dos grupos de interesse, inclui os movimentos sociais e os setores não organizados.

Considerações Finais

As análises, como se vê, são ricas e de perfil variado. Tratam de fenômenos reais e importantes. Assim como essa pesquisa, os autores supracitados, Cervo, Lima, Vigevani e Cepaluni, concordam que há uma mudança entre a política externa dos governos Lula e FHC. Parece-nos claro que o Estado brasileiro assumiu importância maior, encetando ações de liderança e adquirindo um papel de protagonista que contrasta com a sua atuação na década de 1990. No entanto, acreditamos que a mudança nos rumos da política internacional do Estado brasileiro não são creditadas, exclusivamente, ao novo partido no governo como defende Lima. Também, não foram somente frutos do constrangimento externo - queda das Torres Gêmeas em 2001 e os impasses da Rodada Doha - e da mudança da equipe governamental que teria passado à defender com maior ênfase os "interesses nacionais" como defendem Vigevani e Cepaluni. Tampouco, corroboramos com Amado Luis Cervo de que tenha se constituído de um novo tipo de Estado.

Primeiramente, discordamos da ideia de "interesse nacional" como algo estático e previamente definido, como se o Estado fosse uma entidade homogênea. Em segundo lugar, julgamos que seja importante investigar de que forma as mudanças no plano internacional e nacional repercutiram sobre a dinâmica entre as classes e frações de classe no interior da sociedade brasileira. Ou seja, cumpre-nos questionar: qual a correlação de forças no interior da sociedade brasileira que levou a ascensão do Partido dos Trabalhadores ao poder e aos remanejamentos de quadros políticos na formulação da política externa? Quais eram as reivindicações das classes dominadas e dominantes em 2002?

Da perspectiva teórica da qual partiremos, cujo estudo realizei em minha dissertação de mestrado[4], a política externa e política doméstica estão imbricadas; ambas são dirigidas pelo bloco no poder. Para nós, as forças sociais ativas da nação geralmente se dividem diante de uma disputa ou ação na esfera internacional, e as medidas de política externa acabam contemplando os interesses das classes dominantes. As classes dominadas são excluídas do processo de formulação da política externa embora possam, em circunstâncias particulares, influenciar esse processo: havendo alguma mobilização popular que coloque a necessidade de uma política estatal de compromisso instável entre as classes sociais.

Para o marxismo, o "interesse nacional" pode assumir características diferentes de acordo com a conjuntura política e a configuração do bloco no poder. Por isso, o "interesse nacional" pode corresponder aos interesses da burguesia, assim como, poderá corresponder aos interesses das classes dominadas se estas se tornarem a força social no poder. Este "interesse nacional" pode também ficar a cargo da burocracia de Estado, que na ausência de uma classe ou fração hegemônica, assume a direção política deste Estado.

De acordo com a nossa hipótese, havia uma insatisfação da burguesia interna brasileira frente à abertura comercial e à possibilidade de ratificação do acordo da ALCA, e do acordo Mercosul-União Europeia. Além disso, os movimentos

4 Dissertação defendida em março de 2011 na Unicamp: *Estado e relações internacionais:* uma comparação crítica entre Hans Morgenthau e Nicos Poulantzas.

sociais e sindicais organizavam-se na luta pelo aumento do de empregos. Trata-se dos impactos das políticas neoliberais para as diferentes classes e frações de classe no Brasil. Estas questões contribuíram para que houvesse uma vitória eleitoral do Partido dos Trabalhadores em 2002 e uma mudança na diretriz da política externa e interna. Por isso, estas questões deverão estar no centro da nossa pesquisa. Acreditamos que liderança regional e o protagonismo do Estado brasileiro na década de 2000 são, portanto, requisitos políticos para uma postura nas negociações internacionais mais condizentes com os interesses de uma fração burguesa que disputa espaço com o capital imperialista.

Referências

CERVO, Amado Luiz; BUENO, Clodoaldo. *História da política exterior do Brasil*. 3. ed. Brasília: Editora UnB, 2008.

LIMA, Marina Regina S. Autonomia, não-indiferença e pragmatismo: vetores conceituais da política exterior. *Revista Brasileira de Comércio Exterior*. Rio: Funcex, 2006a.

VIGEVANI, Tullo; CEPALUNI, Gabriel. A política externa de Lula da Silva: a autonomia pela diversificação. *Contexto Internacional*, Rio de Janeiro, vol. 29, n. 2, jul./dez. 2007.

A OTAN E SEUS ALIADOS NA INVASÃO DA LÍBIA: UM ATENTADO CONTRA O DIREITO INTERNACIONAL HUMANITÁRIO E UMA VIOLAÇÃO DOS DIREITOS HUMANOS DO POVO LÍBIO

MARCELO BUZETTO*

* Doutor em Ciências Sociais PUC/SP, Editor da RECRIE, coordenador do Núcleo de Estudos Latino-Americanos (NELAM/CUFSA), professor no curso de Relações Internacionais do Centro Universitário Fundação Santo André, membro do Núcleo de Estudos de Ideologias e Lutas Sociais (NEILS-PUC/SP).

Resumo

Este artigo tem como objetivo principal refletir sobre a atuação das forças da OTAN durante a invasão da Líbia em 2011. A preocupação central foi tentar identificar as principais características do "modelo OTAN" de resolução de conflitos bem como suas consequências para a população civil. Também buscamos recuperar os princípios do Direito Internacional Humanitário aplicados à situações de conflito armado para denunciar as constantes violações dos Direitos Humanos do povo líbio pela OTAN e pelo atual governo do CNT.

Palavras-chaves

Líbia, OTAN, Direito Internacional Humanitário.

Abstract

This article's main objective think over the acting of NATO'S forces during invasion Libya in 2011. The central preoccupation was able to identify the characteristic principals NATO'S model about resolutions conflicts and its consequences for civil population. Also, we seek to recover the principles of International Humanitarian Law apply to in situations and armed conflict for expose the constants assaults of the Human Rights about Libyan peoples by NATO and the government present CNT.

Keywords

Libya, NATO, International Humanitarian Law.

Introdução

Em 2011 assistimos ao vivo cenas de diversas violações contra o Direito Internacional Humanitário e contra os Direitos Humanos, mas talvez nada mais explícito do que a atuação militar da Organização do Tratado do Atlântico Norte (OTAN)[1] e seus aliados na invasão da Líbia e derrubada do governo do presidente Muammar al-Gaddafi. A ilegalidade e ilegitimidade de tal ação deve preocupar todos aqueles que se empenham na construção de uma sociedade mais justa e democrática, e que buscam edificar relações econômicas, políticas e sociais baseadas na solidariedade e na cooperação entre os povos.

Foi criada uma poderosa aliança econômico-política-midiática-militar com o objetivo de justificar e legalizar mais uma vez a invasão de uma nação soberana que jamais ameaçou militarmente qualquer dos países que formaram essa coalização anti-Gaddafi. Não foi a primeira vez. Apesar de a OTAN, em seus documentos constitutivos, afirmar que uma resposta militar pode ocorrer somente se um dos países-membros for concretamente ameaçado, nas últimas décadas se multiplicam as intervenções desse organismo internacional em diversas regiões do mundo.

1 A OTAN foi criada como resultado do Tratado de Washington, assinado em 4 de abril de 1949, por EUA e demais países capitalistas ocidentais que originalmente formam esta aliança política e militar para se defender de possíveis ameaças da União das Repúblicas Socialistas Soviéticas (URSS) e dos países do Bloco Socialista na Europa Oriental durante o período da Guerra Fria. Os países-membros são Albânia, Alemanha, Bélgica (membro fundador), Bulgária, Canadá (membro fundador), Croácia, Dinamarca (membro fundador), Eslováquia, Eslovênia, Espanha, Estados Unidos da América (membro fundador), Estônia, França (membro fundador), Grécia, Holanda (membro fundador), Hungria, Islândia (membro fundador), Itália (membro fundador), Letônia, Lituânia, Luxemburgo (membro fundador), Noruega (membro fundador), Polônia, Portugal (membro fundador), Reino Unido (membro fundador), Romênia, República Checa e Turquia. Mais informações sobre OTAN. ALMEIDA, Paulo Roberto. *A OTAN e o fim da Guerra Fria.* Disponível em: http://www.espacoacademico.com.br/009/09almeida_otan.htm. *NATO*: os 28 Estados membros, TVI24. Disponível em: http://www.tvi24.iol.pt/internacional/nato-perfil-paises-membros-nato-tvi24/1209292-4073.html e *NATO* Member Countries. NATO Homepage. Disponível em: http://www.nato.int/cps/en/natolive/nato_countries.htm.

O Modelo Otan de Resolução de Conflitos: uma Afronta ao Direito à Autodeterminação

As chamadas "intervenções humanitárias" da OTAN tiveram sua primeira grande experiência na ex-Iugoslávia, entre 1992-1998, onde inúmeras denúncias de crimes cometidos por soldados membros da força de intervenção nunca foram investigadas. Organizações de direitos humanos também questionaram o uso de munição contendo urânio empobrecido, que tem gravíssimas consequências para a população civil da área onde se desenvolvem os combates[2]. Carlos Enrique Ruiz afirma que

> A intervenção da OTAN foi o primeiro litígio envolvendo forças armadas nacionais em que a ONU, nesse período, não teve atuação principal. A ONU não só não agiu como foi solapada em seus princípios. Também, e o que é grave, a intervenção deu margens a se estabelecer, no direito e nas práticas internacionais, a figura do precedente, possibilitando, portanto, uma justificativa para futuros atos deste tipo[3]. (RUIZ, 2009)

A justificativa apresentada pela OTAN para as chamadas "intervenções humanitárias" tem recebido apoio incondicional das grandes corporações econômicas e financeiras dos países

---

2 Sobre os efeitos do urânio empobrecidos nas guerras da OTAN recomendamos o artigo de Bruno Vitale *Novos crimes contra a humanidade*: o uso militar das armas Urânio empobrecido. Disponível em: http://grabois.org.br/portal/cdm/revista.int.php? id_sessao=50&id_publicacao=162&id_indice=1141. Acesso em: 15 fev. 2012.

3 Com relação à ilegalidade da intervenção da OTAN na Iugoslávia sugerimos o texto de Carlos Enrique Ruiz Ferreira: A intervenção militar da OTAN na Iugoslávia como um ponto de inflexão no quadro das relações internacionais pós-guerra fria – Dois coelhos numa cajadada só: o desrespeito ao direito internacional e o soterramento de uma segurança europeia independente. Disponível em: http://www.cedep.ifch.ufrgs.br /otan.pdf. Acesso em: 9 fev. 2012.

imperialistas, que precisam das guerras para minimizar os efeitos da crise estrutural do capital/capitalismo. Inúmeras mercadorias produzidas pelo internacionalizado complexo industrial-militar e setores complementares da economia capitalista são consumidos em grande quantidade nas guerras e conflitos regionais em curso no mundo atual, e os governos da OTAN e seus aliados se utilizam também do estímulo econômico e da ideia de reconstrução do país como elementos para obter o apoio da grande burguesia industrial e financeira para os novos empreendimentos no Leste Europeu, na Ásia e na África. Afinal de contas,

> A guerra sempre fez parte da política expansionista dos países imperialistas, pois o controle dos recursos naturais e de um determinado território sempre teve um papel estratégico na luta de classes e na luta entre as nações opressoras e as nações oprimidas. [...] Desde o final do século XIX, o processo de desenvolvimento e expansão do capital e do capitalismo fez com que a guerra se transformasse numa das principais formas de acumulação de capital para a classe dominante das potências capitalistas centrais, principalmente para a classe dominante da potência hegemônica do momento. (BUZETTO, 2004, p. 49)

O processo ilegal e ilegítimo da invasão da Líbia por uma coalizão formada pela OTAN e seus aliados no mundo árabe (com destaque para Arábia Saudita, Qatar e Bahrein) seguiu o modelo típico dos anos pós-Guerra Fria:

1º. Apoio financeiro, político e militar para "grupos de oposição", visando estimular/criar situações de conflito social, através de manifestações de massa ou ações de grupos armados, atentados terroristas, etc.;

2º. Ampla e permanente divulgação dos conflitos internos do país e das manifestações da "oposição" nos grandes veículos de comunicação de massa dos países da OTAN e aliados, visando criar um consenso na chamada "opinião pública" internacional para que apoie ações mais contundentes contra o governo do país-alvo. A guerra de informação/midiática começa antes do confronto militar, pois é a mídia, enquanto instrumento subordinado aos interesses dos Estados Unidos (EUA) e da União Europeia (UE), que vai assumir a tarefa de conquistar os corações e mentes dos povos do mundo, editando as imagens e informações para criar um ambiente favorável aos chamados "grupos de oposição", insinuando ou afirmando explicitamente que a maioria da população está mobilizada contra o governo;

3º. Qualificar o governo repetidamente como "ditador", fazendo com que esse termo seja usado por jornalistas, analistas políticos, intelectuais, diplomatas e outros representantes de governos (dentro e fora da ONU), etc.;

4º. Criar a ideia de "genocídio" e/ou "massacre" da população civil. Esta ideia é um dos fundamentos que a OTAN tem utilizado para justificar suas intervenções. A defesa da população civil e dos direitos humanos: esses são os principais argumentos. A OTAN estimula o conflito interno, despreza qualquer proposta de solução política/diplomática para o conflito armado existente (quando se chega a esse nível de confrontação, como foi na Líbia ou como está sendo hoje na Síria) e aposta na radicalização e intensificação das lutas internas, aguardando que o país se torne cada vez mais instável e o número de mortos aumente em ambos os lados. Nesse momento a OTAN lança na mídia a ideia de "genocídio" ou "massacre da população civil", o que torna, segundo os governos europeus e estadunidense, a situação insustentável, o que justificaria então o envio de tropas para "ajudar" e "amenizar o sofrimento da população civil";

5º. Formação de uma coalizão de países membros da OTAN em conjunto com países não membros, mas aliados, e coordenação das ações com as forças internas do país-alvo/ "grupos de oposição", principalmente com dissidentes membros das forças armadas e do próprio governo que agora querem "mudar de lado";

6º. Pressão por parte da OTAN e seus aliados na ONU, visando aprovar resoluções no Conselho de Segurança[4], onde EUA, Inglaterra e França (como membros permanentes) e seus aliados que estão na condição de membros não permanentes se unem na defesa da estratégia intervencionista/golpista. Geralmente as guerras da OTAN e os métodos ilegais e violentos utilizados pelas potências capitalistas para defender seus interesses econômicos não fazem parte da agenda de debates da Assembleia Geral da ONU, onde 193 países supostamente possuem um mínimo de igualdade do ponto de vista formal/ institucional. Tais temas são sempre discutidos no Conselho de Segurança, pois ali EUA e UE sempre têm conseguido garantir uma maioria de votos para suas propostas. É o momento em que a ONU é utilizada como um instrumento para legalizar as violações dos direitos humanos e do Direito Internacional Humanitário, algo que a própria ONU deveria defender;

7º. Apelo para a solução militar e violenta dos conflitos, menosprezando qualquer saída política e diplomática. A OTAN, seja no caso líbio ou em outras situações onde esteve envolvida, não aposta em reconciliação entre as forças do governo e oposição, não estimula o diálogo entre os contrários, não respeita a autodeterminação nacional (um dos princípios da Carta da ONU de 1945) e o direito dos cidadãos do próprio

4 O Conselho de Segurança da ONU é formado por 5 membros permanentes (EUA, Inglaterra, França, Rússia e China) e 10 membros não permanentes (atualmente são: África do Sul, Alemanha , Bósnia-Herzegóvina , Brasil , Colômbia , Gabão , Índia , Líbano, Nigéria e Portugal). Mais informações sobre o CS da ONU em http://www.brasil-cs-onu.com/o-conselho/membros/ e em *Mobilizemo-nos contra a guerra da NATO na Líbia,* de Andrea Catone, em http://resistir.info/africa/libia_catone_20mar11.html .

país de encontrar uma solução viável e progressista para o momento de crise. No caso líbio, como veremos adiante, todas as opções de solução política do conflito armado foram ignoradas, menosprezadas e combatidas no interior do CS da ONU, pela esmagadora maioria dos países, sejam membros permanentes ou não permanentes. A saída política foi derrotada pela saída militar, com a cumplicidade e/ou apoio explícito ou implícito de todos os membros deste organismo da ONU, que deveriam ser responsabilizados juntos com a OTAN pelos crimes que foram cometidos;

8º. Intervenção militar com "fins humanitários", que resulta em prisões ilegais de membros, simpatizantes ou supostos simpatizantes e apoiadores do governo do país-alvo da operação, assassinato de civis durante bombardeios e ataques da OTAN e aliados internos em bairros e cidades (principalmente nas localidades onde o governo tem maior apoio), perseguição política contra líderes e pessoas que são contrárias à intervenção militar estrangeira, tortura e assassinato de prisioneiros de guerra (com destaque para o caso líbio, onde tanto combatentes anônimos como membros conhecidos do governo foram brutalmente agredidos e assassinados, inclusive ao vivo, diante das câmaras de TV e da internet, como no caso do magnicídio do presidente líbio Muammar Al-Gaddafi e vários de seus seguidores, inclusive seu próprio filho).

Esse é o modelo OTAN de resolução de conflitos, sempre baseado na ingerência, na arrogância, na intervenção militar, na violência e na destruição econômica, social, política e cultural do país.

A Luta das Potências Imperialistas pelo Controle da Líbia

A Líbia sempre foi um território disputado por várias potências. Sua localização geográfica é um dos motivos que despertou a cobiça dos colonizadores. Durante o processo de expansão mundial do capital comercial e do desenvolvimento do capitalismo comercial e industrial na Europa Ocidental cresce o interesse da burguesia não só por este país, mas por todo o continente africano. Entre 1880 e 1914 ocorre a chamada "Partilha da África", um movimento político e militar dos países capitalistas europeus com o objetivo de conquistar através de guerra e da violência os povos africanos. Essa política expansionista e militarista leva a Itália a invadir a Líbia em 1912. A dominação colonial italiana enfrentou uma heroica resistência do povo líbio, cujo líder principal foi o professor e revolucionário Omar Mukthar, preso pelos fascistas em 1931. Com a derrota da Itália fascista na Segunda Guerra Mundial o território líbio é ocupado por forças britânicas, inglesas e estadunidenses até 1951, quando é proclamada a independência e estabelecida uma monarquia sob o comando do Rei Idris. Nessa época o país era dividido em três territórios autônomos, Cirenaica e Tripolitânia (controlados pela Inglaterra) e Fezzan (controlado pela França). Um acordo entre as potências levou à coroação do Rei Idris como dirigente do novo "Reino Unido da Líbia".

O debate sobre a situação Líbia foi para o interior da jovem ONU, e inúmeras posições foram apresentadas como solução para o conflito na região. A União das Repúblicas Socialistas Soviéticas (URSS), em desacordo com a política neocolonialista/imperialista dos EUA, França e Inglaterra, propôs desde o primeiro momento a independência total da Líbia. O curto governo antidemocrático e antipopular do Rei Idris I viveu sempre sob tensão, pois a partir de 1953 faz acordos que autorizavam a instalação de bases militares estadunidenses e britânicas no país, arrastando a Líbia para o interior das disputas no contexto da Guerra Fria. A chegada de tropas estrangeiras num país em que o povo tinha acabado de realizar uma intensa luta de libertação nacional durante os anos 30 e 40 demonstrou que a monarquia nada mais era do que um governo fantoche nas mãos do imperialismo. De acordo com José Gil de Ameilda, um dos poucos brasileiros que conheceu a Líbia durante o governo de Gaddafi, em 1986 e em 2002,

> Os líbios mais velhos contam que durante o funcionamento da base militar, os militares estrangeiros zombavam dos costumes e tradições árabes: traziam bebida alcoólica, se embebedavam, apostavam corridas pelas ruas da cidade com veículos militares, atropelavam pedestres, disseminavam a prostituição e uso de drogas. Desfilavam pelas ruas com armas modernas [...]. (ALMEIDA, 2002, p. 22)

É esse clima de crescente descontentamento com o governo e de repúdio ao controle das riquezas naturais e do território por empresas e tropas estrangeiras que vai produzir protestos e mobilizações populares entre civis e militares, e o resultado disto será o movimento cívico-militar liderado pelo Coronel Muammar Al-Gaddafi em 01 de setembro de 1969. Gaddafi tinha fundado a União dos Oficiais Livres, uma organização inspirada no exemplo e nas ideias de Gamal Abdel Nasser, coronel egípcio que liderou uma revolução popular em 1952.

A Líbia sob o Governo de Muammar Al-Gaddafi: Construindo o "Socialismo Árabe"

A vitória política e militar do movimento liderado por Gaddafi fortaleceu o nacionalismo árabe e criou condições mais favoráveis para a ampliação da influência soviética na região, pois a URSS já tinha um grande aliado no nordeste africano, o Egito. Esse movimento pan-arabista na Líbia surgia como uma alternativa às monarquias historicamente submissas aos interesses estrangeiros e ao nacionalismo islâmico conservador de grupos como a Irmandade Muçulmana. O Egito sob o comando de Nasser e a Líbia sob o comando de Gaddafi tornaram-se aliados importantes da política soviética no mundo árabe, produzindo uma nova corrente do pensamento social conhecida como "socialismo árabe", que também irá conquistar adeptos no Iraque, na Síria e na Palestina.

O jovem coronel Gaddafi dizia que seu movimento era nacionalista, socialista, popular e islâmico, numa tentativa de unir diversas tendências em torno de um objetivo estratégico: a construção da nação árabe. A nação árabe seria resultado de um processo de lutas de libertação nacional cujo principal elemento seria a vitória de uma revolução nacional, popular, democrática e anti-imperialista. Nasser e seu discípulo, Gaddafi acreditam na força das revoluções nacionais para irem construindo o caminho que levaria à unidade dos povos árabes e ao surgimento de uma Nação Árabe Unida. Esse esforço de unidade foi derrotado logo nos primeiros anos do governo Nasser. O projeto estratégico da Nação Árabe era cotidianamente enfraquecido pelas disputas internas entre os governos do chamado "mundo árabe", e pelo vínculo e submissão de parte considerável desses governos com a Inglaterra, a França e os EUA. As contradições internas do mundo árabe se afloraram quando Nasser se projetou como um líder regional com disposição de enfrentar os interesses imperialistas na África, no Mediterrâneo e no Oriente Médio. E a aliança de Nasser com Nikita Kruschev e a URSS era a garantia de que o Egito não estaria isolado nas relações internacionais. Nasser fez vários movimentos importantes em termos de política internacional: fortaleceu a unidade com setores árabes que apoiavam incondicionalmente ou simpatizavam com a proposta do "socialismo árabe", fortaleceu a unidade com as organizações populares e anti-imperialistas da região (ganhando seu apoio e admiração), realizou uma aproximação estratégica com a URSS e seus aliados mais próximos do chamado "Bloco Socialista" do Leste Europeu e, numa iniciativa bastante ousada e inovadora, contribui na criação do Movimento dos Países Não Alinhados, junto com a Índia e a Indonésia, potências regionais que se uniram para realizar a tão famosa Conferência de Bandung, em 1955. O resultado da Conferência foi uma aliança política internacional entre países da Ásia, África, América Latina e Leste Europeu, que conseguiu mudar a correlação de forças no interior da ONU, aprovando resoluções bastante progressistas e favoráveis às lutas de libertação nacional e anticolonialistas.

Essa construção de uma política internacional independente dos interesses das potências imperialistas foi resultado de vários fatores, mas o governo Nasser e suas ideias de "socialismo árabe" contribuíram de maneira decisiva para que as mobilizações dos povos árabes fossem adquirindo um caráter antiimperialista. E a ideia de revolução seduziu também o jovem coronel Muammar Al-Gaddafi. Nasser afirmava que

> A Revolução é o único meio pelo qual a Nação Árabe pode libertar-se das algemas e deixar a sombria herança que lhe pesava [...] A Revolução é o único meio de vencer o subdesenvolvimento imposto à Nação Árabe através da opressão e da exploração [...] O caminho revolucionário é a única ponte pela qual as nações árabes podem alcançar o futuro que almejam. (NASSER, 1963, p. 133-134)

Dando continuidade ao projeto nasserista, Gaddafi vai fundar a União Socialista Árabe, organismo que é, segundo ele, resultado do processo revolucionário em curso na Líbia, e que tem como princípios: combater os planos imperialistas que agridem e estimulam a divisão no mundo árabe, fazer da luta nacional uma ação comum em todos os países árabes e manter-se atento a qualquer agressão e ameaça de guerra, combater aqueles que querem controlar as riquezas da pátria árabe, garantir que a luta nacional contra o imperialismo seja parte do caminho que conduz a união total dos árabes, dar apoio total à Revolução Palestina, criar as bases para edificar uma sociedade democrática e estabelecer o socialismo, acabar com o individualismo, as classes sociais e os partidos políticos, facilitar que as massas participem do exercício do poder e controle o processo político (MINISTERIO DE ASUNTOS EXTERIORES, 1976, p. 35-36).

Sem dúvida nenhuma os movimentos cívico-militares do Egito de 1952 e da Líbia de 1969 (e também a Revolução Popular na Argélia, em 1962, que resultou na independência em relação à França) causaram um verdadeiro terremoto nas relações políticas no mundo árabe. Os governos que resultaram desses processos de transformação social iniciam a nacionalização de diversos setores da economia, criam uma série de políticas públicas visando ao bem-estar e à melhoria das condições de vida de parcela significativa da população mais pobre, iniciam ousados projetos de distribuição de terra e de reforma agrária (numa região onde o solo e o clima trazem muitas adversidades para o trabalho agrícola), proíbem ou procuram regulamentar/controlar as remessas de lucro para o exterior, firmam acordos de cooperação econômica, educacional, cultural e militar com a URSS e seus aliados, fortalecem a perspectiva de unidade africana-asiática-latino-americana como forma de enfrentar de maneira conjunta os abusos e a exploração praticada pelas potências capitalistas, fortalecem a perspectiva de unidade na construção da Nação Árabe e reduzem a influência do nacionalismo islâmico conservador, inspirado em ideias antidemocráticas, anticomunistas e, em alguns casos, pró-imperialistas.

Os Três Momentos de Gaddafi: Anti-imperialismo, Pragmatismo E Conciliação/Aproximação com as Potências Imperialistas

A Líbia contra o imperialismo, o racismo e o sionismo (1969/1991)

Entre 1969 e 1991 o governo de Gaddafi foi protagonista de muitas iniciativas consideradas polêmicas. Envolveu-se em conflitos regionais, deu apoio a movimentos, governos e organizações políticas dentro e fora do continente africano. Enfim, se apresentava como expoente de uma corrente pan-arabista e anti-imperialista.

Logo que conquista o governo Gaddafi vai propor a Nasser a união da Líbia com o Egito, mas o fracasso da experiência da República Árabe Unida (união entre Egito e

Síria de 1958 a 1961) ainda era muito recente, e o líder egípcio recusou a proposta. Nasser morre em 1970, um ano depois da "revolução" na Líbia.

Entre algumas das iniciativas do governo de Gaddafi para fortalecer a luta contra o imperialismo, o sionismo e o racismo estão:

1. A proposta de união imediata entre Líbia, Tunísia, Egito e Síria;
2. A proposta de criação dos "Estados Unidos do Saara", com a junção de todas as nações cobertas pelo maior deserto do mundo;
3. Combate contra o governo pró-imperialista do Chade, país africano que está localizado ao sul, na fronteira com a Líbia. O apoio de consultores militares franceses e os erros cometidos em combate por tropas líbias e seus aliados no Chade levaram a uma derrota política e militar de Gaddafi (LACOSTE, 2006, p. 358);
4. Proposta de aliança entre Egito e Líbia, em 1972, com o presidente egípcio Anwar El-Sadat como presidente e Gaddafi como vice-presidente e comandante em chefe das Forças Armadas. Sadat recusa essa fórmula argumentando que o posto de comandante em chefe deve ser para um oficial de carreira e não para um político, fazendo referência a Gaddafi (SADAT, 1980, p. 262);
5. Defesa de uma enérgica resolução durante o encontro da Organização de Unidade Africana (OUA), em maio de 1973, contra Israel, solicitando que todos os países africanos rompessem relações diplomáticas com o mesmo;
6. Marcha do exército líbio em direção ao Egito, em 1977, após a assinatura dos acordos de paz entre este país e o governo de Israel, tradicional inimigo dos povos árabe;
7. Apoio financeiro, material e político a movimentos de

libertação nacional na Europa (Euskadi Ta Askatasuna - ETA, contra a Espanha e França, Exército Republicano Irlandês - IRA, contra o domínio colonial britânico na Irlanda do Norte, a Frente Nacional de Libertação, na Córsega, etc.;

8. Transformação da Líbia em "Grande Jamahiriya (Estado das Massas) Árabe Líbia Popular e Socialista", com a entrega do poder aos Comitês Populares/Revolucionários;

9. Apoio à luta do povo palestino pela sua autodeterminação e contra a ocupação militar israelense, com dinheiro, armas, campos de treinamento e diplomacia. Essa relação de apoio foi marcada por debates e polêmicas, principalmente após 1977, quando Gaddafi procura projetar outras lideranças no interior da Organização para a Libertação da Palestina (OLP), mantendo contatos e vínculos com várias facções palestinas além da AL-FATAH (Movimento de Libertação Nacional), de Yasser Arafat. Segundo Amon Kapeliouk, numa conferência de países árabes em Trípoli, logo após Sadat firmar o acordo com Israel, Gaddafi reserva sete assentos para a OLP, sendo um para Arafat e outros para representantes de outras organizações palestinas que estão na OLP mas discordam de Arafat em várias questões. Na conferência, após Arafat, é convidado para falar Georges Habache, da Frente Popular pela Libertação da Palestina (FPLP), que inicia o discurso criticando Arafat e Sadat (KAPELIOUK, 2004, p. 176). Outra atitude que desagradava Arafat era o repasse do dinheiro que a Líbia havia se comprometido em entregar para a OLP. Desde a criação da OLP, em 1964, países árabes se juntavam para garantir a sustentação financeira da organização. Em uma conferência dos países árabes em Bagdá (Iraque), em 1978, foi aprovada a contribuição anual de 300 milhões de dólares por um período de dez anos, começando em 1979, sendo que a parte da Líbia seria de 47,1 milhões de dólares. Em 1984 o informe do Comitê

Financeiro do Conselho Nacional Palestino (administrado pela direção da OLP) acusava a Líbia de não repassar para o Fundo Nacional Palestino a contribuição anual. A suspeita era de que os recursos estavam sendo encaminhados para a FPLP, a Frente Democrática para a Libertação da Palestina (FDLP) e a Frente Popular pela Libertação da Palestina - Comando Geral (FPLP-CG) (MUSALLAM, 1987, p. 45 e 46);

10. Apoio à Revolução Popular Sandinista, na Nicarágua, que durou de 1979 a 1990. A Líbia forneceu ajuda militar ao governo popular e revolucionário da Frente Sandinista de Libertação Nacional (FSLN), que viveu sob ataque constantes de grupos terroristas treinados e patrocinados pelos EUA;

11. Apoio decisivo à luta do Congresso Nacional Africano (ANC) contra o regime opressor e racista do Apartheid na África do Sul, o que lhe rendeu uma homenagem do próprio Nelson Mandela, que sugeriu à sua filha dar o nome de Gaddafi ao seu neto. Quando se tornou presidente Mandela rendia homenagens ao líder líbio quase que semanalmente. Bill Clinton, então presidente dos EUA, se irritava com essas declarações. Mandela disse que "Os que se irritam com nossa amizade com o presidente Kadafi podem pular na piscina" (BOURDOUKAN, 2001);

12. Apoio à luta do movimento negro dos EUA, com financiamento de organizações antirracistas e críticas do governo dos EUA, como Panteras Negras e Nação do Islã;

13. Assistência e solidariedade com milhares de africanos que buscaram refúgio na Líbia durante e após guerras e conflitos no interior de vários países africanos;

14. Apoio político, financeiro e militar a movimentos de libertação nacional na África e Ásia.

É importante levar em conta o contexto histórico desse período, profundamente influenciado pela Guerra Fria. A proximidade com a URSS e a admiração por parte de várias organizações políticas e governos, no mundo árabe e no continente africano, tornou o governo de Gaddafi um interlocutor indispensável para a resolução de tensões e conflitos (ou para a criação de novos conflitos) na África e no Oriente Médio.

Esse internacionalismo de Gaddafi também cativou inúmeros movimentos nacionalistas islâmicos, onde o mesmo financiava a construção de mesquitas e de escolas islâmicas em países como Filipinas, Eritreia, Uganda, República Centro Africana, Chade, Paquistão, Malásia, Indonésia e Iugoslávia (EL-KIKHIA, 1997, p. 41). Outra iniciativa do governo líbio era a construção de Centros Culturais para difundir o conhecimento sobre a experiência que se desenvolvia no país. Nos anos setenta foram construídos em países como Tunísia, Mauritânia, Uganda, Yemen do Norte, Yemen do Sul, Togo, Níger, Malí e Malta (MINISTERIO DE ASUNTOS EXTERIORES, 1976, p. 243).

Essa atuação sem fronteiras da Líbia era combinada com uma série de reformas econômicas, sociais, políticas e culturais dentro do próprio país. O governo líbio realizou, de fato, inúmeras transformações estruturais no país, tais como:

- reforma agrária, com irrigação, financiamento público da produção de alimentos, máquinas e equipamentos agrícolas;

- reforma urbana, eliminando os aluguéis e garantindo moradia para todos os cidadãos. Sobre a questão da moradia o escritor Georges Bourdoukan, ao relatar sua viagem à Líbia em 1979 (dez anos após a revolução de 1º de setembro de 1969), conta a seguinte história:

> Na Líbia de Kadafi, os aluguéis estavam proibidos. Aos líbios que não tivessem casa, era só solicitar que o

> governo imediatamente providenciava a construção de uma. O país era um imenso canteiro de obras. E mais: Uma lei em vigor, A LEI DO COLCHÃO, determinava que, qualquer cidadão líbio que soubesse da existência de casa alugada, era só atirar um colchão no quintal que a casa passava a ser sua. Inúmeras embaixadas sofreram com essa lei já que foram ocupadas por líbios. O próprio embaixador me contou na ocasião que a embaixada brasileira não ficou imune a essa lei. Um motorista líbio que ali trabalhava informou a um amigo que ainda não tinha casa, que a embaixada do Brasil era alugada. Imediatamente esse amigo atirou um colchão e reivindicou a propriedade (uma mansão que pertencia a um italiano que retornou à Itália após a subida ao poder de Kadafi). O governo líbio precisou intervir para evitar maiores dissabores. O Brasil acabou ganhando a embaixada e o líbio uma casa nova. (BOURDOUKAN, 2011)

- nacionalização de diversos setores da economia, retirando do controle das grandes empresas transnacionais as jazidas de gás e de petróleo, e as refinarias (onde o petróleo é transformado em derivados como gasolina, óleo diesel, etc.);
- criação de políticas públicas e de uma infraestrutura estatal para atender as demandas sociais dos setores mais pobres do país;
- políticas de combate ao racismo, criando oportunidades de trabalho, moradia e estudo visando garantir os direitos sociais, econômicos, políticos e culturais de todos os cidadãos africanos que escolheram viver na Líbia, com destaque especial para a criação de mecanismos de proteção e inclusão da população líbia negra. Essa incorporação dos negros de outros países africanos no serviço público e nas Forças Armadas foi uma das muitas ações concretas de incorporação das massas populares negras da África à vida social cotidiana da Líbia;

- políticas de combate ao machismo e de criação de oportunidades para que as mulheres possam conquistar sua emancipação econômica, social e política. As mulheres, durante o governo de Gaddafi tiveram liberdade para trabalhar, estudar, fazer carreira nas Forças Armadas, participar de maneira ativa da vida política do país, etc.

Essas e outras iniciativas, aliadas às circunstâncias particulares da Líbia, como seu gigantesco território (mais de 1, 7 milhões de km^2) e sua população de apenas 6 milhões de habitantes (sendo 1 milhão de estrangeiros/não originalmente líbios), fizeram a Líbia conquistar o mais elevado índice de Desenvolvimento Humano (IDH) do continente Africano.

É possível afirmar que o governo de Gaddafi, seja nos seus primeiros vinte anos, seja depois, sempre foi um produto de um momento histórico, de uma determinada situação política internacional, que era influenciada pela própria ação da Líbia, mas que influenciava muito mais o cenário interno em que se desenvolvia o "socialismo árabe" líbio.

Todo esse conjunto de iniciativas levou Gaddafi a ser qualificado pelos governos dos EUA e Inglaterra, e seus aliados, como o "chefe do terrorismo internacional". Em 1986 aviões estadunidenses bombardearam Trípoli e Benghasi, visando assassinar Gaddafi. No ataque várias casas de civis foram atingidas e bombas caíram nas proximidades da Embaixada da França. Gaddafi sobreviveu, mas dezenas de líbios, em sua maioria civis, foram mortos, e outras dezenas ficaram feridos. A filha adotiva de Gaddafi estava entre as vítimas. Os EUA apresentaram vários argumentos para o ataque à Líbia. Diziam que ele era responsável pela explosão de aviões (um americano na Escócia e um francês sob o Saara) e pelo atentado em uma boate na Alemanha, no qual morreram militares estadunidenses.

O Fim da URSS e a Derrota das "Revoluções" no Mundo Árabe/África: Gaddafi a Caminho do Pragmatismo

O esfacelamento e desaparecimento em ritmo acelerado e inesperado da URSS e de todo o bloco de países que diziam que viviam um processo de construção do Socialismo teve repercussões avassaladoras no Mundo Árabe e no chamado Oriente Médio. É difícil saber com precisão qual teria sido a imediata reação de Gaddafi quando foi anunciada a dissolução da URSS em 1991.

Os mais atentos já percebiam que alguma coisa diferente já vinha se desenvolvendo em termos de crise econômica, social e política nesse grupo de países chamados "Socialistas".

Entre 1991 e 2001 Gaddafi observou a derrota política e/ ou militar de várias organizações e governos com os quais mantinha relações estratégicas, além de perceber que muitas lideranças importantes que conheceu no passado estavam mudando rapidamente de posição e até de lado na política regional e internacional. As revoluções africanas que foram vitoriosas no passado agora vivem sob governos que realizam reformas pró-capitalistas e pró-imperialistas. O neoliberalismo chega com intensidade à África e aos países árabes, e o capital estadunidense e europeu volta a circular com mais liberdade por todo o mundo. Essa nova fase de expansão do grande capital industrial e financeiro transnacional coloca numa situação de defensiva as forças sociais e políticas progressistas, populares, anti-imperialistas e de esquerda. Surge um novo período de resistência na defesa de conquistas sociais agora cotidianamente ameaçadas pelas empresas e pelos governos capitalistas, que tem um imenso território a explorar no Leste Europeu, na Ásia Central e, é claro, na África.

Já preocupado com os problemas internos que começavam a se desenvolver, nos anos 90 o presidente líbio procura renovar a aliança com os líderes tribais, distribuindo cargos no governo levando em conta o poder e a influência da tribo. Num país com cerca de 140 tribos (onde cerca de 30 são as mais poderosas), e onde o sistema tribal sobreviveu a todas as mudanças políticas das últimas décadas, não é prudente desconsiderar a posição dos líderes dessas comunidades.

Talvez essa nova conjuntura tenha levado Gaddafi a mudar sua posição nas relações internacionais, pois insistir em muitos temas e no confronto com as potências imperialistas momentaneamente vitoriosas após o fim da URSS poderia produzir um maior isolamento regional e internacional da Líbia. Gaddafi torna-se um pragmático.

A Reaproximação com as Potências Imperialistas: Resolver os Problemas Internos, Liberalizar a Economia e Recuar para uma Atuação Regional/ Pan-Africana (2001/2011)

Durante os anos 2001 e 2011 se intensifica na Líbia um processo de diálogo e aproximação do governo de Gaddafi com os governos dos EUA, da França, da Inglaterra e da Itália. Reformas econômicas abriram, de novo, a possibilidade de empresas estrangeiras explorar os campos de petróleo do país. Empresas estadunidenses e europeias rapidamente se aproveitaram para ocupar esse espaço estratégico na economia, recuperando o controle de um recurso natural que, no passado, já havia propiciado muito lucro para a classe dominante dos países centrais.

A Líbia desistiu de seu programa nuclear, se subordinando a uma exigência imposta pelos EUA, pela França e pela Inglaterra (que jamais cogitaram fazer o mesmo). Foram criadas diversas políticas de incentivo e estímulo para empresas estrangeiras atuarem no país, dando liberdade para o capital privado assegurar sua reprodução ampliada. Em 2003, ao concordar e assinar diversos acordos, a ONU levanta as sanções existentes contra o país (que não eram respeitadas pelos países africanos e pelo Movimento dos Países Não Alinhados), o que permitiu que, novamente, a Líbia pudesse exportar seu petróleo para o mundo. Essa medida foi tomada para dar segurança às empresas estrangeiras que já se preparavam para ocupar o país. Empresas como Agip (italiana), British Petroleum e Shell (inglesas), Repsol (espanhola), a Total e a Suez DGA (francesas), Conocco Phillips, Hess e Ocidental, Exxon e Chevron (estadunidenses) começam a atuar como parceiras do governo líbio nessa nova fase de diálogo e cooperação com as potências capitalistas.

Gaddafi faz a autocrítica em relação a ações realizadas no passado, fica absolutamente calado em relação à invasão estadunidense no Iraque, reconhece o envolvimento de agentes do seu governo na explosão de um avião na Escócia (prende o acusado e o entrega ao governo britânico), paga uma indenização às famílias das vítimas, reata as relações diplomáticas com EUA (em 2006), realiza acordos com o governo italiano em 2008 (que paga uma indenização à Líbia pelos danos causados nos tempos da colonização), etc. Na ONU a Líbia, em 2005, será indicada para fazer parte do Conselho de Direitos Humanos, recebendo o apoio de 151 dos

193 países membros. Em 2010 foi reeleita para um mandato até 2013 (em março de 2011 foi suspensa do Conselho e readmitida em novembro de 2011, com 123 votos favoráveis). Gaddafi abriu as portas para o capital estrangeiro e iniciou uma nova era de acordos e parcerias com o que ele mesmo chamava de "países imperialistas". Nessa época colaborou com o governo de George Bush na sua iniciativa de prender supostos "terroristas" no norte da África. Numa parceria com o governo dos EUA, permitiu que agentes da CIA interrogassem presos ligados a grupos nacionalistas islâmicos líbios supostamente aliados da chamada Al-Qaeda de Osama Bin Laden. Esse apoio a chamada "Guerra ao terror" de Bush causou muitos conflitos internos, assim como toda essa política de aproximação com o Ocidente e com os governos e empresas capitalistas.

Agora, além dos grupos nacionalistas islâmicos financiados pela Arábia Saudita e monarquias árabes, que durante décadas atacaram o governo Gaddafi, surgiram fissuras e cisões entre os apoiadores do governo, em sua própria base social, que se sentia preocupada, confusa e/ou mesmo traída pelas novas posições políticas do líder da nação.

Apesar de tudo isto, o presidente líbio continuava procurando se manter como um importante líder do movimento pan-africano, pregando com muita firmeza a favor da integração continental. Para cumprir tal objetivo foi criada a União Africana (UA). Em 1999, na cidade de Sirte, na Líbia, foram lançadas as bases e os princípios do que viria a ser a UA. Entre 2000 e 2002 se consolida essa proposta, e Gaddaffi se torna o primeiro presidente da UA.

Não Existiu nem Socialismo nem Poder Popular na Líbia

O projeto político original de Gaddafi foi o sempre confuso, polêmico e eclético "socialismo árabe", uma tentativa de construção de uma nação mais soberana, livre e autônoma em relação às potências imperialistas. O nacionalismo sempre predominou em relação ao socialismo. Não existiu um processo autêntico de socialização dos meios de produção, com o controle da economia pela classe operária e pelos camponeses, o que poderia indicar o início de uma transição com características anticapitalistas.

É inegável que a Líbia se transformou num país verdadeiramente soberano e independente durante os anos do governo Gaddafi, e que o nível de vida dos mais pobres teve uma melhoria significativa, bem como foram criadas políticas públicas de apoio e assistência às famílias de baixa renda.

Também reformas para garantir acesso à educação pública e saúde pública se desenvolveram. A Líbia tornou-se um país ativamente solidário para com os povos da África. Tudo isso ocorreu, mas tais mudanças são insuficientes para se qualificar um país como socialista. Os princípios socialistas podem ter inspirado essas reformas sociais e econômicas (como inspirou também políticas sociais em várias partes do mundo), mas as relações de produção na Líbia não foram radicalmente modificadas ao ponto de merecer a qualificação de "país socialista".

O nacionalismo árabe foi muito mais forte e influente na Líbia, que se misturou com certo nacionalismo islâmico de base popular e recebeu ainda uma contribuição da chamada "Terceira Teoria Universal", reunida no *Livro Verde*, publicado por Gaddafi originalmente em 1975. Com pouca ou nenhuma originalidade do ponto de vista teórico, o *Livro Verde* é uma combinação de ideias presentes nos textos e discursos de Nasser, opiniões e propostas elaboradas pelo nacionalismo árabe e por diversas correntes do pensamento socialista, tanto do socialismo utópico das primeiras décadas do século do XIX como de ideias de Marx e Engels e das experiências de transição ao socialismo do século XX.

Uma das ideias supostamente originais do livro é sua crítica aos partidos políticos e sua reflexão sobre a questão do poder. Para ele

> [...] o partido é a máquina de governar da ditadura contemporânea... dado que representa o poder de uma fração sobre o conjunto [...] O sistema de partidos é, portanto, o mecanismo da ditadura moderna. (QATHAFI, s/d, p. 12-15)

O centro do pensamento contido no *Livro Verde* é que todo o poder deve estar concentrado nas mãos do povo, por meio de um sistema de democracia direta organizado pelos Comitês Populares de base, sindicatos e associações profissionais. Segundo Gaddafi, o partido, a classe social, a tribo ou a seita não podem representar os interesses de todo o povo, pois são somente uma parte de toda a sociedade. Quando alguns destes setores assumem o poder é o momento que se estabelece, segundo ele, um "regime ditatorial" (Idem, p. 18-19). Estimular o desenvolvimento do poder popular e da democracia direta: esta seria a principal orientação da chamada Terceira Teoria Universal. Com críticas ao liberalismo e ao marxismo, Gaddafi apresenta o que seria a alternativa para a construção do "socialismo árabe" na Líbia.

De fato a experiência Líbia possui originalidade em muitos aspectos, pois a tendência de muitos grupos, organizações e lideranças nacionalistas islâmicas durante o período da Guerra Fria era de aproximação com os EUA e seus aliados no Mundo Árabe. Ao tentar incorporar posições políticas progressistas – e até antiimperialistas – a um projeto estratégico que tinha como um dos seus elementos fundantes o islamismo, o governo Gaddafi vai construir uma experiência única: nacionalismo islâmico, nacionalismo laico, pan-arabismo, socialismo. Mas essa originalidade da "revolução líbia" não permite afirmar que a transição para o socialismo teve início durante o governo do presidente Gaddafi.

Sem dúvida nenhuma, no contexto da Guerra Fria, as posições políticas e a política interna e externa da Líbia acabavam, de fato, favorecendo os interesses da URSS e do "Bloco Socialista", bem como os movimentos de libertação nacional, o pan-arabismo e o pan-africanismo. Nesse sentido, o governo de Gaddafi, entre 1969 e 1989, criou uma série de conflitos com as potências imperialistas e seus aliados na África e no Mundo Árabe.

Além de não existir uma transição socialista na Líbia, as ideias de poder popular e democracia direta, com as massas exercendo, de fato, o poder, se transformaram em meros instrumentos de agitação e propaganda do governo, pois o poder estava concentrado nas mãos dos líderes tribais aliados de Gaddafi, da burguesia nacional e estrangeira e de uma burocracia que exercia o controle dos diversos setores e organismos públicos e estatais. O povo, as massas populares não exerciam diretamente o poder, não controlavam os meios de produção, não decidiam o que produzir, como produzir, não decidiam quem seriam os aliados da Líbia na política externa, não decidiam sobre o que deveria ser feito para melhorar as condições de vida e de trabalho no país, enfim, não tinham o efetivo controle sobre as riquezas naturais e as decisões políticas. Portanto, o governo de Gaddafi (principalmente no último período) estava longe de ser um governo popular, democrático e antiimperialista. Era um governo nacionalista burguês com inúmeras contradições na sua política interna e na sua política externa e internacional.

A Chamada "Primavera Árabe" na Líbia: Vitória da Contrarrevolução Pró-Imperialista

Não houve revolução popular ou democrática na Líbia. Existiu uma disputa entre setores de uma classe dominante que se desentenderam nos últimos anos, sendo um setor ligado e subordinado ao presidente Gaddafi e um setor que ou rompeu com ele nos últimos anos ou sempre foi contrário a ele mas era, até o momento, uma força minoritária ou sem condições de tomar a iniciativa de derrubada do governo. Os que já eram contra Gaddafi, ao perceber sua situação de debilidade, se juntaram aos que romperam com ele e aí dirigiram as massas para o ataque ao governo. Tiveram logo de início o apoio material (financeiro e militar) e cultural/ideológico de governos antidemocráticos do Mundo Árabe, como as ditaduras da Arábia Saudita, Qatar, Emirados Árabes, Jordânia, todos os países onde mandam monarquias decrépitas que reprimem violentamente toda e qualquer tentativa de oposição política ao governo. A derrubada do governo Líbio também contou com apoio da maioria quase que absoluta da Liga Árabe (somente Síria e Argélia tiveram coragem para denunciar o golpe a favor da OTAN). Mas o apoio decisivo foi dos EUA e União Europeia, que mais uma vez se utilizaram do Conselho de Segurança da ONU e da OTAN. O que houve na Líbia foi um golpe de Estado comandado por forças políticas pró-imperialistas, que representam posições políticas profundamente antidemocráticas e onde existem líderes e organizações marcadamente machistas e racistas. Portanto, enganam-se aqueles que comemoram a "Revolução Líbia". A possibilidade de uma verdadeira revolução popular e democrática na Líbia, se ela, de fato existiu, foi abortada/derrotada/inviabilizada logo no início do processo, e as forças progressistas e/ou de esquerda no interior da oposição ao governo de Gaddafi sempre foram absolutamente minoritárias e ínfimas diante desses setores conservadores e pró-imperialistas/monarquias árabes.

O Governo de Gaddafi Praticou um Genocídio Contra seu Próprio Povo?

Não. Nenhuma prova foi apresentada nesse sentido. Nunca houve provas de massacre de populações civis na Líbia durante o governo de Gaddafi. Não existem denúncias, não existem fotos, não existem filmagens, não existem provas. Se quisermos criticar o governo Gaddafi podemos e devemos por vários motivos. É possível e recomendável criticar e condenar o governo líbio desse período por diversos motivos, mas é preciso criticá-lo por aquilo que ele é e que ele fez, e não por aquilo que a OTAN diz que ele fez.

O governo de Gaddafi perseguiu, prendeu e matou opositores ao governo? Provavelmente sim, mas devemos perguntar: qual é o governo, de qual país, que pode afirmar com firmeza e verdade que não faz isto? Qual é o governo que não perseguiu/persegue, não prendeu/prende e não assassinou/assassina seus opositores? Em todos os países do mundo existem situações como esta, de conflito dos mais variados níveis entre o governo e seus opositores. Quantos não foram os massacres cometidos pelas potências capitalistas na África, na América Latina e na Ásia? E o genocídio praticado pelos colonizadores? E quantos civis não foram assassinados nos últimos anos no Iraque e no Afeganistão por tropas da OTAN/EUA/UE? E em relação aos palestinos, que são perseguidos, presos, torturados, expulsos de suas casas e assassinados pelo exército de Israel desde 1948? E quantos civis não passam pelo mesmo sofrimento no Saara Ocidental, território ocupado militarmente por tropas do Marrocos? E os curdos na Turquia (país membro da OTAN e aliado dos EUA na "Guerra contra o terror"), que sofrem todos os dias a violência deste governo supostamente "democrático"?

Poderíamos perguntar entre os países árabes ou entre os países não árabes, mas a resposta será a mesma: opositores são perseguidos, presos e assassinados. E se isto caracteriza uma ditadura, podemos afirmar com tranquilidade que todos os países do mundo são na verdade ditaduras disfarçadas de regimes democráticos, com raríssimas exceções onde se desenvolvem verdadeiras experiências de construção do poder popular e de democracia participativa. Então, por que a OTAN e seus aliados se dirigiram exclusivamente contra a Líbia de Gaddafi? Será que em outros países africanos não estão ocorrendo violações dos direitos humanos? Será que as potências capitalistas tem alguma moral ou legitimidade para intervir militarmente em qualquer nação soberana do mundo? Quantos foram os crimes de guerra cometidos pelos países da OTAN no mundo? A França praticou a tortura como método oficial de interrogatório de opositores em suas colônias. A Inglaterra, a Alemanha e a Itália seguiram o mesmo caminho contra diversos grupos de oposição interna e/ou nas colônias. A Espanha também. Sobre os EUA, nem precisamos gastar palavras, pois sua história de violações aos direitos humanos é tão intensa que não há espaço neste pequeno artigo.

Quando se estabeleceu uma situação de guerra civil na Líbia, estimulada e programada pelas forças já citadas, vimos opositores armados, grupos de combate treinados e bem equipados, com uniformes militares novos, diversos tipos de armamento, equipamentos e veículos novos, além do apoio aéreo e naval da OTAN. Aqueles que optaram pela resolução do conflito pela via das armas colocaram toda a população líbia numa situação de risco permanente, pois as guerras imperialistas do século XXI tem tido como uma das principais características o massacre contra civis. As bombas da OTAN e dos chamados "rebeldes" atingiram bairros residenciais em Trípoli, Benghasi, Sirte e outras cidades líbias.

O Que Poderia Ter Sido Feito? Diálogo, Debate, Diplomacia e Solução Política do Conflito Armado

É incrível a capacidade dos meios de comunicação de massa (ou meios de desinformação em massa) para manipular e convencer parcela significativa da população mundial com suas mentiras e informações que reproduzem somente as ideias que interessam à classe dominante. No caso da Líbia, a mídia global capitalista conseguiu empurrar milhões de pessoas contra o governo líbio. Muitos cidadãos não conseguiriam nem mesmo indicar o local onde fica a Líbia no mapa-múndi, mas afirmavam ser contra a "ditadura de Gaddafi", e não foram poucos os que, sem nunca ter lido nada muito profundo sobre o assunto, comemoraram o brutal assassinato ao vivo do presidente líbio.

É extremamente preocupante este comportamento diante do assassinato de um ser humano. Comemorar a tortura e a violência exacerbada e covarde contra um prisioneiro de guerra, ferido, indefeso, é mais um sinônimo do processo de desumanização e barbárie que toma conta de muitos indivíduos na atualidade. Ninguém merece nem deve ser tratado como foi o presidente líbio Muammar Al-Gaddafi. Nem mesmo um dos seres mais repugnantes do planeta, o ex-presidente dos EUA, George Bush, que ordenou o massacre e o genocídio contra a população civil do Afeganistão e do Iraque, deveria ser tratado com a brutalidade e a covardia que foram aplicadas contra Gaddafi (e se a justiça prevalecer no mundo um dia ele será preso, julgado e condenado pelos seus crimes de guerra). A covardia e a brutalidade se estenderam para a família e aliados do derrotado presidente Gaddafi.

A imagem evidente de tortura seguida de assassinato do líder líbio deveria causar indignação e repulsa, pois expressa uma atitude condenável pelos homens e mulheres que querem construir um mundo completamente diferente do que existe hoje. Se queremos uma nova sociedade, com novas relações de produção e sociais, temos que combater cotidianamente a tortura como parte dos métodos de resolução de conflitos em qualquer disputa política.

A OTAN, a UE, a ONU, a Liga Árabe e o Conselho de Cooperação do Golfo (Omã, Emirados Árabes Unidos, Arábia Saudita, Qatar, Bahrein e Kuwait), com a cumplicidade do Brasil, da Rússia, da China, da Índia e da África do Sul mataram qualquer possibilidade de solução política, pacífica e diplomática para o conflito na Líbia. Foram desconsideradas todas as propostas de paz, negociação, trégua, cessar-fogo. Esses organismos internacionais, entidades e países se mostraram completamente incapazes de cumprir os próprios princípios da Carta das Nações Unidas de 1945, que fala de:

> preservar as gerações vindouras do flagelo da guerra", "chegar, por meios pacíficos, a um ajuste ou solução das controvérsias", "praticar a tolerância e viver em paz", que "todos os membros deverão resolver suas controvérsias internacionais por meios pacíficos, de modo que não sejam ameaçadas a paz, a segurança e a justiça internacionais", que "todos os membros deverão evitar em suas relações internacionais a ameaça ou o uso da força contra a integridade territorial ou a dependência política de qualquer Estado" - Carta das Nações Unidas, Preâmbulo. (CENTRO DE INFORMAÇÃO DAS NAÇÕES UNIDAS, s/d, p. 8-11)
>
> *1. As partes em uma controvérsia, que possa vir a constituir uma ameaça à paz e segurança internacionais, procurarão, antes de tudo, chegar a uma solução por negociação, inquérito, mediação, conciliação, arbitragem, solução judicial, recurso a entidades ou acordos regionais, ou a qualquer outro meio pacífico à sua escolha (grifo nosso)* - Carta das Nações Unidas, Capítulo VI, Solução pacífica de controvérsias, Artigo 33. (Idem, p. 29)

Países como Cuba, Venezuela, Equador, Bolívia e Nicarágua (membros da Alternativa Bolivariana para os Povos da América - Tratado de Cooperação entre os Povos/ALBA-TCP), aliados à União Africana (que representa 52 países) e ao Movimento dos Países Não Alinhados solicitaram à ONU (tanto à Assembleia Geral quanto ao Conselho de Segurança) e à OTAN que fosse criada uma Comissão Internacional eleita para conduzir um processo de cessar-fogo e negociação entre o governo e a oposição. Tal proposta foi aceita pelo governo de Gaddafi, e todos esses países, com destaque também para a África do Sul, que enviou delegação para a Líbia em nome da União Africana, tinham o entendimento de que era necessário um imediato cessar-fogo, para que a Comissão, com membros da ONU, da UA e da Liga Árabe, com participação da Cruz Vermelha Internacional e do Crescente Vermelho Internacional, pudesse iniciar uma verificação real das condições em que se encontrava a população civil, das posições políticas do governo e dos diversos grupos de oposição, visitar os feridos, os locais atingidos por bombas de ambos os lados, etc. A partir daí se produziria um relatório mais detalhado sobre a situação do conflito e se insistiria na solução negociada, pacífica e política do conflito. Foi até sugerido um prazo para a realização de eleições gerais na Líbia, onde Gaddafi não sairia como candidato, e as diversas forças políticas do país tivessem o direito de apresentar seu programa, suas propostas e, assim, a disputa seria levada para o campo da luta política e eleitoral, num processo institucional acompanhado por observadores internacionais. Essa proposta foi apresentada e reapresentada na ONU, mas os países que têm alguma influência, inclusive o Brasil, ignoraram a posição da UA e dos países da ALBA-TCP e, ou apoiaram a OTAN ou se calaram e tornaram-se sócios menores do massacre praticado na Líbia.

Era possível criar as condições necessárias para levar governo e oposição para uma disputa político-eleitoral e não para uma guerra civil. A guerra civil, nas condições concretas da Líbia, não servia aos interesses das massas populares e da classe trabalhadora. Enquanto o continente africano e a ALBA-TCP buscavam ganhar tempo para conseguir a solução pacífica, a OTAN, a Liga Árabe e o Conselho de Cooperação do Golfo armavam e iniciavam a guerra civil e a invasão estrangeira da Líbia. Criaram assim o Conselho Nacional de Transição (CNT), que reúne diversos grupos políticos e militares da oposição. Ressuscitam a bandeira da monarquia do Rei Idris. A França reconhece o CNT como o governo legítimo da Líbia, elege a nova bandeira como a bandeira oficial do país e é seguido por outros países.

As Violações do Direito Internacional Humanitário pelo CNT e o Silêncio da ONU

Mais uma vez os crimes de guerra vão ficar impunes, pois o objetivo de muitos membros da ONU é, na verdade, ter acesso ao petróleo e ao gás líbio. A Líbia tornou-se um dos principais exportadores de petróleo do mundo[5]. Conquistar o direito de explorar essa riqueza é mais importante do que preservar a vida e a dignidade do povo líbio. A China, logo após a OTAN, foi logo reconhecendo o novo governo, na tentativa de restabelecer sua posição de importante parceiro comercial, pois o governo chinês não se interessa nem um pouco pelo que está acontecendo com os prisioneiros de guerra, os negros e as mulheres durante esse novo governo comandado pelo CNT. A China só pensa nos negócios que pode realizar, seja com Gaddafi ou com qualquer outro governo. É o pragmatismo do governo Chinês.

Logo após a Segunda Guerra Mundial foi instaurada a "Conferência Diplomática para elaborar Convenções internacionais destinadas a proteger as vítimas da guerra". Reunida entre 21 de abril e 12 de agosto de 1949, em Genebra, na Suíça, a Conferência teve como resultado as chamadas Convenções de Genebra. Entre os princípios, normas e regras presentes nas Convenções estão:

- Artigo 3º. que proíbe "a) os atentados à vida e à integridade física, em particular o homicídio sob todas as formas, as mutilações, os tratamentos cruéis, torturas e suplícios, b) as tomadas de reféns, c) as ofensas à dignidade das pessoas, *especialmente os tratamentos humilhantes*

5 Sobre o interesse dos EUA no petróleo líbio recomendamos o livro *Geopolíticas do petróleo*, de Philippe Sébille-Lopez (Instituto Piaget, Lisboa, 2007).

> *e degradantes* (grifo nosso), d) as condenações proferidas e as execuções efetuadas sem julgamento prévio por um tribunal regularmente constituído, que ofereça todas as garantias judiciais reconhecidas como indispensáveis pelos povos civilizados". (BORGES, 2006, p. 78 e 79)
>
> • "os feridos e enfermos deverão ser respeitados e protegidos pela parte em poder da qual se encontrem, sendo-lhes concedido tratamento humano sem qualquer discriminação", e "as partes em conflito devem tomar todas as medidas possíveis para procurar e recolher os feridos e enfermos, assegurando-lhes proteção e os cuidados médicos necessários". (Idem, p. 79)

Segundo Borges,

> Todo prisioneiro deve ser tratado com humanidade, sem qualquer forma de discriminação, tendo direito ao respeito por sua pessoa e honra. Para tal fim, além da proibição de qualquer ato ou omissão que possam colocar sua saúde ou vida em perigo, ele deve ser protegido contra quaisquer atos de violência ou intimidação, contra os insultos e a curiosidade pública [...] Assim, fica proibida qualquer forma de tortura física ou moral, bem como ameaças, insultos e tratamentos desagradáveis ou inconvenientes para a obtenção de informações. (Ibidem, p. 88 e 89)

Será que os membros da ONU e da OTAN desconhecem as Convenções aprovadas em Genebra? Ou será que elas só devem ser aplicadas em determinadas circunstâncias, nas quais as vítimas são grupos ou nações aliadas das principais potências imperialistas? Também a "Terceira Convenção de Genebra exige que os prisioneiros de guerra sejam formalmente acusados ou liberados ao fim das hostilidades" (BYERS, 2007, p. 172). Na Líbia do governo CNT/OTAN as pessoas seguem sendo presas, torturadas e humilhadas, muitas sem ter acusação formal, e outras acusadas de apoiarem o antigo governo, fato que agora se transformou em crime. Essa é a democracia que a OTAN está implantando na Líbia. De acordo com Byers,

> O fato é que a maioria dos supostos criminosos de guerra jamais sentará no banco dos réus. Os poucos que a isto são obrigados são aqueles que perderam o poder político e a proteção de amigos poderosos, o que dá motivo à acusação de que o direito penal internacional não passa de uma "justiça do vitorioso". (Idem, p. 181)

Quando veremos oficiais dos exércitos da OTAN, presidentes e primeiros-ministros dos países ricos sentados no banco dos réus do Tribunal Penal Internacional para responderem diante das inúmeras acusações de tortura, prisões ilegais, massacres, genocídio, limpeza étnica, morte de civis, patrocínio de golpes de Estado e de atos terroristas?

O Povo Líbio tem o Direito de Lutar por Melhores Condições de Vida e de Trabalho, por Justiça e por Transformações Sociais

As críticas que fizemos à OTAN e a seus aliados não eximem o governo de Gaddafi de responsabilidades perante o seu povo. De fato vinha se acumulando um forte sentimento de descontentamento popular e de disposição de lutar por transformações econômicas, políticas e sociais na Líbia. Setores importantes do povo líbio desejavam acabar com a corrupção, a burocracia e os privilégios existentes para aqueles que eram considerados mais próximos do governo (situação que não é exclusiva da Líbia de Gaddafi). Também a busca por um sistema de representação política que garantisse, de fato, o exercício do poder pelas massas, como inclusive defende o *Livro Verde*, motivou uma parcela significativa de pessoas a aderir a esse movimento de oposição que acabou sendo, no processo, dirigido e controlado por forças políticas conservadoras, pró-imperialistas, antidemocráticas e contrarrevolucionárias.

A Revolução Líbia não ocorreu. Surge agora um movimento político e militar que tende, com o tempo, a adquirir um amplo apoio popular, com o objetivo principal de libertar a pátria do domínio estrangeiro da OTAN e seus aliados do CNT[6]. Focos de resistência já podem ser observados em várias cidades, principalmente na região do centro-sul do país, em áreas de deserto, onde tribos de beduínos e tuaregs aliados do antigo governo seguem combatendo pela bandeira verde de Gaddafi. Atos de sabotagem e operações militares contra as forças do CNT também já ocorrem com uma frequência cada vez maior. A batalha da Líbia ainda não terminou, somente entrou em uma nova fase. Aqueles que comemoraram de maneira precipitada a derrota dos aliados de Gaddafi serão obrigados a reconhecer que a luta pela Líbia será, necessariamente, uma guerra prolongada.

Que o povo líbio continue lutando e construindo as condições mais favoráveis para resolver de maneira progressista os conflitos trazidos pela invasão da OTAN. Que chegue o momento de uma verdadeira Revolução Popular, Democrática e Anti-imperialista na Líbia, mas esta, e qualquer outra decisão, depende de uma participação ativa, consciente, soberana e organizada das massas populares

6 Sobre o atual movimento, na Líbia, de resistência popular contra a ocupação da OTAN e o governo do CNT indicamos: Al-mukawama – Resistência/Agencia de notícias de la resistencia de los pueblos. Disponível em: http://resistencialibia.info/.

daquele país. Que o exemplo líbio possa servir para estimular a unidade dos povos árabes na defesa de seus territórios e na luta contra os governos subordinados aos interesses das potências imperialistas. O povo líbio tinha o direito de se manifestar e mesmo lutar pela derrubada do governo de Gaddaffi, se assim o quisesse. E o povo líbio tem o direito de lutar contra o governo atual do CNT/OTAN, e de construir um forte movimento de libertação nacional que possa, como fez no passado o grande "leão do Deserto" Omar Mukthar, derrotar aqueles que querem, pela força, controlar as riquezas do país.

As relações internacionais existentes no mundo do capital não permitem vacilações e supostas posições de neutralidade diante de conflitos tão intensos como este. Esta e outras situações exigem a defesa de determinados princípios diante da mediocridade do pragmatismo, que tem sido uma característica do governo brasileiro e de outros. Em vez de fazer cumprir no âmbito das relações internacionais os princípios inscritos em nossa Constituição de 1988, o governo brasileiro prefere uma relação que não desagrade as potências e que permita ao Brasil alguma vantagem comercial diante de uma tragédia alheia, como ocorre na desastrosa intervenção militar brasileira no Haiti. Também nos surpreende a conivência e o silêncio do governo brasileiro em face dos crimes cometidos pelos EUA/OTAN no Afeganistão, no Iraque e na Líbia, por Israel contra os palestinos, pelo Marrocos contra o povo saharauí, pelo governo da Turquia contra os curdos, etc. Na Constituição de 1988, em seu Artigo 4º., está escrito:

> A República Federativa do Brasil rege-se nas suas relações internacionais pelos seguintes princípios: I – independência nacional; II – prevalência dos direitos humanos; III – autodeterminação dos povos; IV – não-intervenção; V – igualdade entre os Estados; VI – defesa da paz; VII – solução pacífica de conflitos; VIII – repúdio ao terrorismo e ao racismo; IX – cooperação entre os

> povos para o progresso da humanidade; X – concessão de asilo político. (SENADO FEDERAL, 2004, p. 13)

É mais do que urgente que os povos pressionem seus governos para que os mesmos tenham a coragem de defender determinados princípios, e que não tomem decisões preocupados em como vão reagir as potências, pois mais importante do que os interesses dos EUA ou dos países que comandam a UE é a integração dos povos na luta pela construção de novas relações internacionais, onde não exista mais colonialismo, racismo, machismo, sionismo, opressão nacional, guerras imperialistas, um mundo onde predominem relações baseadas efetivamente na cooperação e na solidariedade, ou seja, um mundo socialista.

Referências

ALMEIDA, José Gil. *Encontro com Muamar Kadafi.* Curitiba: MDD-Democracia Direta, 2002.

BORGES, Leonardo. *O Direito Internacional Humanitário,* Belo Horizonte: Del Rey, 2006.

BOURDOUKAN, Georges. *A Líbia que conheci.* Disponível em: http://blogdobourdoukan.blogspot.com.br/2011/10/libia-que-eu-conheci-final-qual-foi-o.html. Acesso em: 13 fev. 2012.

BYERS, Michael (2007). *A Lei da Guerra* – Direito Internacional e Conflito Armado. Rio de Janeiro: Record, 2007.

BUZETTO, Marcelo. As guerras de libertação nacional e o processo de expansão mundial do capital. *Lutas Sociais 10/11.* São Paulo: NEILS-PUC/SP, 2004.

CENTRO DE INFORMAÇÃO DAS NAÇÕES UNIDAS. *Carta das Nações Unidas.* Rio de Janeiro: ONU, 2004.

EL-KIKHIA, Mansour. *Libya'Qaddafi: the politics of contradiction.* Gainesville, University Press of Florida, 1997.

KAPELIOUK, *Amon. Arafat, o irredutível.* São Paulo: Planeta, 2004.

LACOSTE, Ives. *A geopolítica do Mediterrâneo.* Lisboa: Edições 70, 2006.

MINISTERIO DE ASUNTOS EXTERIORES (1976). *Marcha del hombre en la Republica Árabe Líbia,* Roma, EMMEKAPPA.

MUSALLAM, Sami F. *Organización para la Liberacion Palestina* – Estructura Institucional. México DF: OLP, 1987.

NASSER, Gamal A. *A Revolução no Mundo Árabe.* São Paulo: Edarli, 1963.

QATHAFI, Muammar Al. *O Livro Verde.* Lisboa: Empresa Pública de Edição, s/d.

RUIZ FERREIRA, Carlos Enrique. *A intervenção militar da OTAN na Iugoslávia como um ponto de inflexão no quadro das relações internacionais pós-guerra fria* – Dois coelhos numa cajadada só: o desrespeito ao direito internacional e o soterramento de uma segurança Europeia independente, 2009. Disponível em: http://www.cedep.ifch.ufrgs.br/otan.pdf. Acesso em: 9 fev. 2012.

SADAT, Anwar El. *Anwar El-Sadat:* autobiografia. São Paulo: Círculo do Livro, 1980.

SENADO FEDERAL. *Constituição da República Federativa do Brasil.* Brasília: Senado Federal, 2004.

HANS JONAS E O PRINCÍPIO RESPONSABILIDADE

ADILSON ALVES*

* Doutor em Saúde Pública – FSP – USP, Mestre em Ciências Econômicas – PUC/SP, Economista – PUC/SP e Filósofo – FFLCH – USP. Professor do Centro Universitário Fundação Santo André.

Resumo

O presente artigo tem dois objetivos: estudar o pensamento de Hans Jonas no que se refere ao seu princípio responsabilidade e apontar suas divergências com relação ao sentido utópico do pensamento de Marx e Bloch quanto à emergência do "reino da felicidade". Jonas procura fundar uma nova ética em contraposição às éticas tradicionais fundamentadas no caráter subjetivo do individuo. A ética joniana leva em consideração o caráter coletivo da intervenção do homo faber na natureza, na era da tecnociência, e a necessidade de um novo agir para que a raça humana possa continuar se perpetuando no planeta Terra. Por fim, a crítica a Marx e Bloch como cultuadores do pensamento baconiano no sentido do papel fundamental que tem a técnica na emancipação do ser humano.

Palavras-chaves

Ética, Meio ambiente, Responsabilidade, Utopia, Tecnociência.

Abstract

The article presents two objective: study the thought of Hans Jonas as far as his principle responsibility and aim their divergences regarding Utopian the meaning thought of Marx and Bloch as to emergence of "felicity's kingdom". Jonas look for found a new ethics in pit against the traditional ethics grounded in subjective character individual. The "joniana" ethics get consideration the collective character "homo faber" intervention nature in the Age Techno science and the need about act to shun that human race can continue to everlasting in the earth planet. Finally the criticism to Marx and Boch like worshipper of "baconiano" thought fundamental role in the meaning that has the technique emancipation of human begin.

Keywords

Ethics, Environment, Responsibility, Utopian, Techno science.

Introdução

Hans Jonas nasceu na Alemanha em Monchenglandback em 1903. De origem judaica teve uma formação humanística com a leitura dos profetas hebreus. Quatro momentos marcam sua trajetória filosófica.

1) Em 1931 elaborou uma Tese de Doutorado sobre a gnosis no cristianismo primitivo sob orientação de Rudolf Bultmann, publicada em 1934 (JONAS, 1963; 2000);

2) Em 1966 publica O *princípio vida*: fundamentos para uma biologia filosófica, obra na qual estabelece os parâmetros para uma filosofia da biologia e reflete sobre "a precariedade da vida e volta a colocar a vida em uma situação privilegiada longe dos extremos do idealismo irreal e do limitado materialismo" (SIQUEIRA, 2001, p. 278). Mostra também o equívoco de separar o homem da natureza, desvinculado de outras formas de vida (OLIVEIRA, 2011);

3) Empreende a busca de uma nova ética da responsabilidade com o trabalho publicado em 1979 "O princípio responsabilidade: ensaio de uma ética para a civilização tecnológica". A experiência de guerra (como soldado britânico) e a proximidade da morte lhe proporcionaram a preocupação pela vida, chegando a desafiar a linha dominante – a filosofia idealista da consciência – da qual havia se formado, inclusive com Heidegger como seu mentor intelectual por algum tempo (SIQUEIRA, 2001);

4) O debate com as "utopias" relacionadas ao marxismo, notadamente quanto a Ernst Bloch, mas também com o liberalismo no ocidente.

O presente artigo trata especificamente do pensamento Joniano no que se refere à "nova ética da responsabilidade" no âmbito da "civilização tecnológica" e suas ameaças ao meio ambiente e a vida no planeta terra.

Ética Tradicional Versus Ética da Responsabilidade

A crítica inicial de Jonas à ética tradicional, antropocêntrica (centrada no sujeito) se dirige à contemporaneidade. Essa ética considera apenas o plano das ações intra-humanas e do homem consigo mesmo. A entidade "homem" era considerada como constante quanto a sua essência não sendo objeto da "*techne*" (arte); a ética tinha a ver com o aqui e agora (JONAS, 2006, p. 35). Na Grécia antiga a techne era considerada neutra (com exceção da medicina), a pólis grega era o *lócus* da própria ética (GIACÓIA Jr, 1996, p. 68). A condição humana, resultante da natureza do homem e das coisas, permanecia imutável para sempre e com base nisso se podia determinar com clareza e sem dificuldade o "bem humano". O alcance da ação humana e de sua consequente responsabilidade estava perfeitamente delimitada. Todo bem ou mal que a capacidade inventiva do ser humano pudesse proporcionar se encontrava sempre dentro dos limites de sua ação, sem afetar a natureza das coisas extra-humanas.

O imperativo categórico de Kant seria um exemplo da ética tradicional imperante: "Age de tal maneira que possas querer que a máxima de tua ação valha como lei universal da natureza" (KANT, 1988). É uma ética que regulamenta as relações entre pessoas e é voltada para o aqui e agora, refere-se aos resultados imediatos sem preocupação com o desconhecido e sem relacionamento com o futuro remoto e com as futuras gerações (SIQUEIRA, 2001). É um imperativo porque é um dever e categórica porque abrange todas as pessoas indistintamente.

Com o avanço da tecnociência há necessidade de uma nova ética que dê conta do novo agir humano já que a situação presente levanta questões nunca antes suscitadas no âmbito da escolha prática e que nenhum princípio ético passado, estaria apto a responder. E para Jonas, a regulamentação normativa desse novo agir humano seria o plano ético da responsabilidade.

O saber deve se apresentar como um objeto de um imperioso dever que supera o papel das éticas tradicionais havendo, então, a necessidade do conhecimento do desconhecido como contraface do dever de saber. O que caracteriza a proposta ética de Jonas como uma "*heurística do temor*". Nesse sentido, Jonas propõe um novo imperativo: "Atua de tal modo que o princípio de tua ação seja compatível com a permanência de uma vida humana autêntica", ou de modo negativo: "Não ponha em perigo a continuidade indefinida da humanidade na Terra" (JONAS, 2006). Isso significa

> Reconhecer à natureza um direito próprio e uma significação ética autônoma (independente de sua condição de meio para a satisfação das necessidades e desejos humanos) e, significa abandonar a postura tradicional que considerava o homem como o ápice da natureza e coroa da criação. (GIACÓIA Jr, 1996, p. 71-72)

É o agir coletivo e, portanto a esfera do domínio da política pública o que importa nesse momento.

Um aspecto que deveria fundamentar a "heurística do temor" é o fato do homem ter se tornado objeto da técnica, ou seja, o *homo faber* aplica a técnica a si mesmo. Como exemplo, Jonas aponta que com o avanço da medicina celular na determinação do envelhecimento orgânico, a representação da morte e a experiência da finitude se alteram radicalmente. Um corolário disso é a tentativa de controle das causas da morte com o consequente prolongamento indefinido da vida humana propiciado pelo avanço tecnológico. É um dos efeitos da civilização tecnológica. Jonas se pergunta: Quão desejável é isto? Quão desejável para o indivíduo e para a espécie? Jonas se pergunta também sobre a desejabilidade desse presente e da possível mudança da alternância entre gerações e da imbricação da vida e da morte, o velho e o novo (JONAS, 2006, p. 58). Sua resposta é a de que a natalidade e a mortalidade são atributos da condição humana. Assim, não deveríamos tentar prolongar a vida além do "relógio biológico de nossa mortalidade" (JONAS, 2009, p. 277). A mortalidade seria uma "bênção" e não um "fardo" ou "maldição", pois:

> É um dever de a civilização combater a morte prematura entre os seres humanos, no mundo inteiro, assim como em todas as suas causas - fome, doenças, guerra, e assim por diante. No que se refere à nossa condição moral como tal, nossa compreensão não pode estar em peleja com a criação, a menos que a própria vida seja negada. No que afeta a cada um de nós, o conhecimento de que só estamos aqui por um breve período e que um limite não negociável é posto à nossa expectativa de tempo pode, inclusive, ser necessário enquanto incentivo para contarmos nossos dias e fazê-los valer. (JONAS, 2009, p. 280-281)

Nesse sentido uma questão prática emerge: quem deve se beneficiar com a hipotética benção do aumento da longevidade? Isso implica no aumento da população idosa e na redução drástica da população jovem, pois abolir a morte significa abolir a procriação. Um mundo de velhos sem jovens exclui a novidade (a primeira vez, o espanto), mas pode não eliminar o tédio e a rotina e a falta espontaneidade da vida (JONAS, 2006, p. 58-59).

A Intervenção Coletiva do *Homo Faber* sobre a Natureza Exterior na Era da Tecnociência

As alterações das relações tradicionais entre *homo sapiens* e *homo faber* devem ser repensadas. Tradicionalmente o *homo sapiens* possuía o saber a respeito da adequação entre fins e meios, assim como a respeito da felicidade ou fim supremo do agir. Para as éticas antigas, o principal valor para os homens não é a técnica, mas a virtude e a sabedoria. Na era da civilização tecnológica, a precedência cabe ao *homo faber*, que como sujeito coletivo apresenta um agir de cujos efeitos depende a submissão da natureza aos fins humanos. Nesse caso estamos diante do que Jonas denomina "ideal baconiano": a instalação do saber como domínio da natureza - útil para a melhoria do destino humano. "O que chamamos de programa baconiano", ou seja, "colocar o saber a serviço da dominação da natureza e utilizá-la para melhorar a sorte da humanidade [...]" (JONAS, 2006, p. 235). Entretanto, o sucesso do ideal baconiano pode provocar um apocalipse, uma catástrofe universal, tanto do ponto de vista econômico, pelo aumento per capita da produção de bens com redução do dispêndio de trabalho, como do biológico pela explosão populacional.

Nesse aspecto, a tese do autor é a de que tal perspectiva suscitada pelo avanço tecnológico é algo novo, sem precedentes. E em um mundo no qual as constantes humanas eram dadas e nenhum princípio ético passado está à altura de responder a essas questões (JONAS, 2006, p. 58-59).

Nesse contexto, a promessa da técnica de liberar o homem do domínio da natureza não se confirmou, ao contrário, o escravizou e ameaça destruir todas as formas de vida na terra. Há necessidade então da atuação coletiva e do poder público para minimizar esses efeitos devastadores sobre o meio ambiente. Parte considerável da obra principal de JONAS (2006), notadamente os capítulos 5 e 6 estão vinculados à economia e à política relacionadas à ética da responsabilidade (GONDIM & RODRIGUES, 2011).

Jonas não concorda com uma "solução" do problema por meio da livre economia de mercado do capitalismo industrial dada sua não preocupação com uma ética de responsabilidade pelo futuro das novas gerações, apesar da sua eficiência na produção e fornecimento de bens e serviços, mas com alto grau de desperdício (JONAS, 2006).

Por outro lado, embora o poder totalitário, ou o "modelo comunista de socialismo", apresente aspectos favoráveis ao princípio responsabilidade por ele proposto como a tomada mais rápida de decisões, o sacrifício pelo coletivo, o entusiasmo pela austeridade e a vantagem da igualdade para a disposição ao sacrifício, Jonas não o aprova por considerá-lo uma forma nova de escatologia ativa, pelo seu antropocentrismo latente, pelo seu culto à técnica e, principalmente, pelo seu viés utópico (JONAS, 2006, p. 239-248). Isso se estende à tradição "utópica marxista" e seu principal representante, Ernst Bloch[1] (BLOCH, 2005-2006).

O culto à técnica no marxismo (fruto do pensamento baconiano) significaria liberar o homem da alienação, da sociedade de classes e da propriedade capitalista com a socialização dos meios de produção e do produto do trabalho, o que levaria a emancipação do ser humano em todas as esferas

1 Uma das teses centrais de Bloch é a de que a utopia é a essência da condição humana, o "sonhar para frente", o desejo de construir um novo mundo.

da vida. Essa situação, favorecida pela técnica, na ontologia de Bloch, faria surgir um "novo homem" com qualidades morais e com superioridade cultural sem precedentes na história da humanidade (JONAS, 2006, p. 254-263). Na concepção de Bloch "S não é ainda P", ou seja, o sujeito ainda não é o predicado. (JONAS, 2006, p. 239). O homem verdadeiro ainda estaria por vir, ele ainda não é. Para Jonas.

> todos os "ainda não", que realmente estiverem ocultos naquilo que foi (sobre o qual aquilo que foi não nos pode dizer nada a respeito) vão aparecer como surpresa no momento da realização do projetado, e nada garante que seja agradável aquilo que venha a ser. (JONAS, 2006, p. 345)

Deveríamos também

> renunciar á idéia de que haja uma 'natureza' definida para o homem [...] ele tem aptidão de ser bom ou de ser mau, e mesmo as duas ao mesmo tempo isso faz parte de sua essência. (JONAS, 2006, p. 354)

Caso esse "novo homem" fosse possível, o reino da liberdade e do bem-estar se estabeleceria na terra tendo o "hobby como vocação" (BLOCH, 2005-2006). E começaria onde efetivamente cessaria o trabalho determinado pela miséria e pela finalidade externa, ou seja, o trabalho estaria além da esfera da produção material (MARX, 1974). Jonas opõe a substituição da "alienação" e "exteriorização" capitalista do trabalho pela "alienação" e "exteriorização" tecnológicas. O erro de Marx e de Bloch estaria em considerar a separação da esfera da liberdade e a da necessidade, e a ideia de que aquele se inicia quando este acaba (JONAS, 2006, p. 322). A convivência pacifica dessas duas forças, proposta pelo marxismo, estaria assentada na subjetividade da liberdade o que aumentaria as necessidades humanas. Tendo como contraposição os limites da tolerância da natureza com relação ao avanço da técnica e da ciência dado que o homem incorpora cada vez mais ao seu consumo necessidades novas, não vitais, e aparentemente ilimitadas, há necessidade da limitação da "esfera da subjetividade" e do rompimento com o antropocentrismo. Essa seria, para Jonas, uma prioridade extrema para a manutenção da vida na terra segundo as restrições quanto ao problema da alimentação, das matérias-primas e da energia, derivados do avanço da utopia do "progresso técnico" com repercussão negativa no meio ambiente (FONSECA, 2011).

Em favor de Marx alguns autores apontam que as questões relativas ao meio ambiente não podem ser desprezadas em sua totalidade, principalmente pela falta de contextualização de alguns de seus seguidores ou de seus críticos.

Seria um erro considerar Marx entre os adeptos da tese de que os seres humanos não seriam afetados pelos fatores ambientais em uma visão puramente antropocêntrica (FOSTER, 2005); (MARTINS, 2007). Pelo contrário, em passagem nos *Manuscritos econômico-filosóficos* de 1844, Marx nos diz:

> O homem *vive* da natureza significa: a natureza é o seu *corpo*, com o qual ele tem de ficar num processo contínuo para não morrer. Que a vida física e mental do homem está interconectada com natureza não tem outro sentido senão que a natureza está interconectada consigo mesma, pois o homem é uma parte da natureza. (MARX, 2004, p. 84)

A definição do processo de trabalho implicava que as ações humanas regulavam as transformações entre os homens e a natureza. A falha nesse processo estaria nas relações de produção capitalistas e não na relação a-histórica do homem com a natureza.

Marx também havia mostrado que a alienação do trabalho tinha ligação com a alienação do homem com relação à natureza (QUAINI, 1979). Isso aparece na descrição da jornada de trabalho e nas condições degradantes do meio ambiente fabril e residencial (MARX, 1980); (ENGELS, 1986).

Quanto às críticas ao antropocentrismo de Marx, Foladori argumenta que essa visão do ser humano atribuía ao tipo de relações sociais a causa da destruição da natureza devido à sua utilização classista e irracional (FOLADORI, 2005). Ainda segundo Foladori, Marx não teria estudado se os limites à sobrevivência da espécie humana eram físicos ou sociais, ou se a poluição ou a devastação do meio ambiente poderiam criar limites à vida na terra. Esses são temas da atualidade (FOLADORI, 2005).

Considerações Finais

As considerações de Jonas levantam problemas ontológicos e éticos relacionados à utilização da ciência e da técnica em praticamente todos os aspectos da vida humana, e mais do que isso, a possibilidade iminente de destruição de toda a vida na terra com a crescente escassez de recursos não renováveis, devido à exacerbação crescente de sua utilização.

O "princípio responsabilidade" seria uma tentativa de fundamentar/reconstruir uma nova ética a partir do reconhecimento da preservação da "autêntica vida humana na terra" tendo em vista o advento em escala global de uma nova civilização tecnológica. A originalidade do pensamento de Jonas seria o de ampliar o *lócus* subjetivo do sujeito e considerar a relação do ser humano com a natureza de uma forma integral. O caminho para isso seria o medo e não a esperança — pelos menos na visão otimista de Bloch. Nesse caso, o medo seria o componente limitante da ação humana sobre a natureza como forma de preservá-la de sua destruição. Isso diz respeito à assunção da responsabilidade do homem quanto a preservação de seu patrimônio agora e no futuro.

A partir da argumentação de Jonas três questões práticas podem ser elaboradas: como sensibilizar a opinião pública e os *policy makers* para uma mudança nas condições de produção e consumo de bens e serviços? Como implementar a "ética da responsabilidade" em uma sociedade fundamentada no individualismo, na competição extrema e no consumismo como objetivo em si mesmo? E, como interromper/controlar os avanços da ciência quanto, por exemplo, ao prolongamento da vida humana, ao controle do comportamento por meios artificiais e agentes químicos e às questões ligadas à manipulação genética?

Finalmente poderíamos perguntar se a proposta de Jonas também não é utópica, vis-à-vis à sociedade sem classes e sem Estado de Marx e ao reino da liberdade futura de Bloch.

Referências

BLOCH, Ernst. *O Princípio Esperança.* Rio de Janeiro: Editora UERJ: Contraponto, 2005-2006.

ENGELS, Friedrich. *A situação da classe trabalhadora na Inglaterra.* São Paulo: Global, 1986.

FOLADORI, GUILLERMO. A questão ambiental em Marx. *Crítica marxista.* São Paulo: Unicamp, 2005.

FONSECA, Lilian S. G. Hans Jonas e a crítica a utopia. In: SANTOS, Robinson; OLIVEIRA, Jelson; ZANCANARO, Lourenço (Org.), *Ética para uma civilização tecnológica*: em diálogo com Hans Jonas. São Paulo: Centro Universitário São Camilo, 2011.

FOSTER, JOHN BELLAMY. *A ecologia de Marx* – Materialismo e Natureza. Rio de Janeiro: Civilização Brasileira, 2005.

GIACÓIA JR., Oswaldo. Hans Jonas: o princípio responsabilidade – ensaio de uma ética para a civilização tecnológica. *Cad. Hist. Fil. Ci.* São Paulo: Campinas, Série 3, n. 2, jul.-dez. 1996.

GONDIM, Elnora & RODRIGUES, Osvaldino M. Reflexões sobre a técnica: interface entre Karl Marx e Hans Jonas. *Sapere Aude.* Belo Horizonte. v. 2, n. 3, 1º semestre de 2011.

JONAS, HANS. *The Gnostic Religion.* The message of the alien god and beginnings of christianity. Boston: Beacon Press/ Beacon Hill, 1963.

______. *La Gnosis y el espíritu de la antiguedad tardía* – de la mitología a la filosofía mística. Valencia: Institució Alffons el Magnàmim, 2000.

______. *O princípio responsabilidade:* ensaio de uma ética para a civilização tecnológica. Rio de Janeiro: Contraponto: Ed. PUC-Rio, 2006.

______. O fardo e a benção da mortalidade. *Princípios.* Natal, v. 16, n. 25, jan./jun. 2009.

KANT, Immanuel. *Fundamentos da Metafísica dos Costumes.* Lisboa: Edições 70, 1988.

MARTINS, Marcos L. *História e Meio-Ambiente.* São Paulo: Annablume, 2007.

MARX, Karl. *O capital.* Crítica da economia política. Rio de Janeiro: Civilização Brasileira, Livro 3, v. 6, 1974.

______. *O capital.* Crítica da economia política. Rio de Janeiro: Civilização Brasileira, Livro 1, v.1, 1980.

______. *Manuscritos econômico-filosóficos.* São Paulo: Boitempo Editorial, 2004

OLIVEIRA, Jelson. A transanimalidade do homem: uma premissa do princípio responsabilidade. In: SANTOS, Robinson; OLIVEIRA, Jelson; ZANCANARO, Lourenço (Org.). *Ética para uma civilização tecnológica:* em diálogo com Hans Jonas. São Paulo: Centro Universitário São Camilo, 2011.

QUAINI, Massimo. *Marxismo e geografia.* Rio de Janeiro: Paz e Terra, 1979.

SIQUEIRA, José Eduardo. El principio de responsabilidad de Hans Jonas. *Acta Bioethica, año VII*, n. 2, 2001.

OS DESAFIOS DO PROFISSIONAL DE RELAÇÕES INTERNACIONAIS NA ATUALIDADE

ENTREVISTA REALIZADA POR MARCELO BUZETTO*
COM O MINISTRO MILTON RONDÓ FILHO**

---

* Entrevista realizada em 29 set. 2011.

** Coordenador-Geral de Ações Internacionais de Combate à Fome do Ministério das Relações Exteriores.

RECRIE: Fale um pouco sobre sua formação acadêmica e profissional, e sobre o caminho que o levou até a Coordenação-Geral de Ações Internacionais de Combate à Fome do Ministério das Relações Exteriores.

MILTON RONDÓ FILHO: Nasci em Sorocaba, São Paulo e ingressei na carreira diplomática em 1981. Desde então, ocupei posições dentro do Ministério das Relações Exteriores, no Brasil e no exterior (Nicarágua, Jamaica e Itália), além de postos na Presidência da República e no Governo do Rio Grande do Sul, trabalhando com temas relativos à área de cooperação internacional, agricultura e diálogo com a sociedade civil. A partir de 2003, assumi a Coordenação-Geral de Ações Internacionais de Combate à Fome, no Itamaraty. Era então o início do Governo Lula e da implantação do Programa Fome Zero a nível nacional. Surgiu a iniciativa de constituir a interface internacional do Fome Zero, que culminou com a criação da CGFOME em janeiro de 2004.

RECRIE: Você poderia descrever quais são os principais objetivos e as principais atividades realizadas pela Coordenação-Geral de Ações Internacionais de Combate à Fome nesses últimos anos. E também aproveitar para nos dar um breve histórico, desde quando ela existe, se esse tipo de iniciativa ganha mais força e apoio institucional durante o governo Lula, etc.

MRF: A CGFOME foi formalmente implantada em 2004 para coordenar a política externa brasileira na área de segurança alimentar e nutricional, desenvolvimento rural e cooperação humanitária internacional, por meio de ações que buscam a sustentabilidade social, econômica e ambiental. Até 2003, as operações humanitárias do Brasil eram pontuais e as agendas de segurança alimentar e combate à fome não constituíam prioridade de Governo. Com o lançamento do Programa Fome Zero pelo ex-presidente Lula, elevou-se o debate à esfera federal, delegando mais responsabilidades ao Estado pela erradicação da fome e da pobreza. A política externa brasileira refletiu essa mudança e buscou promover a estratégia do Fome Zero a nível internacional.

O próprio cenário internacional também propiciou o estabelecimento de mecanismo institucionalizado de resposta imediata a emergências, devido à maior ocorrência de desastres socioambientais e à dificuldade de resposta de muitos países atingidos. A crise no Sul do Líbano, em 2006, é um dos principais exemplos, pois diante da necessidade urgente de retirada de grande contingente de brasileiros, revelou-se a importância da rápida mobilização de meios que permitissem a evacuação de brasileiros em casos de emergências e de resposta a crises socioambientais em geral.

Por conseguinte, em 2007, a CGFOME passou a contar com orçamento de 2,5 milhões de reais, o qual, em 2010, chegou a R$50 milhões. Os recursos brasileiros foram destinados a ações humanitárias em mais de 50 países, com enfoque na compra local de alimentos da agricultura familiar para distribuição a comunidades vulneráveis, em especial a programas de alimentação escolar, replicando a experiência do Programa de Aquisição de Alimentos (PAA) brasileiro - inclusive, reconhecido pelo secretário-geral da ONU como uma das melhores práticas que contribuem para o cumprimento dos Objetivos do Milênio (ODM), em relatório divulgado este ano. O estabelecimento do Grupo de Trabalho Interministerial de Cooperação Humanitária Internacional (GTI-CHI), em 2006, foi outro fator importante para a estruturação da cooperação humanitária brasileira, ao reunir instituições governamentais, organismos internacionais e a sociedade civil no planejamento, discussão e coordenação de estratégias de ação.

Além do desenvolvimento de projetos humanitários em parceria com organismos internacionais, a Coordenação acompanha os fóruns multilaterais de redução de riscos de desastres e de segurança alimentar e nutricional, consolidando as posições do Brasil e propiciando o intercâmbio de experiências com outros países. Os resultados positivos das políticas brasileiras de combate à pobreza transformaram o Brasil em referência internacional, o que se refletiu na eleição do brasileiro José Graziano da Silva para a Direção-Geral da FAO.

O trabalho da CGFOME procura tratar o tema do Direito Humano à Alimentação Adequada em perspectiva ampla, abrangendo desde os aspectos emergenciais da fome até os temas estruturantes – exemplificados pelo acesso à terra e à água, desenvolvimento rural, reforma agrária e agricultura familiar. Esse modelo de tratamento do tema no Ministério das Relações Exteriores demonstrou ser exitoso, sendo inclusive inspirador para que outros países, como a Argentina, elaborassem seus próprios modelos. Buscamos adotar um novo paradigma de cooperação internacional, em que os países tornam-se parceiros e trocam experiências entre si.

RECRIE: A Coordenação-Geral de Ações Internacionais de Combate à Fome também tem realizado ações no continente africano. Qual a sua avaliação e as perspectivas para o combate à pobreza nesse continente tão importante, mas tão explorado e agredido pelo colonialismo/imperialismo europeu e estadunidense. Quais as razões que ainda levam a África, com tantos recursos naturais, com uma história belíssima de resistência popular, com uma cultura que influência hoje e é admirada por milhares de pessoas no mundo, por sua música, por sua literatura, sua poesia. Com tanto potencial, o que é preciso fazer para apoiar a legítima luta dos povos africanos pela sua verdadeira e efetiva libertação?

MRF: O Brasil tem estimulado várias iniciativas de cooperação com o continente africano, contribuindo para o desenvolvimento socioeconômico de comunidades vulneráveis e para estreitar os laços com a comunidade dos Países de Língua Portuguesa, sempre em consonância com os princípios celebrados pelas Nações Unidas de humanidade, neutralidade, imparcialidade e independência. No campo humanitário, já foram desenvolvidos projetos destinados à garantia da segurança alimentar em campos de refugiados no Sudão, programas de alimentação escolar na Guiné-Bissau e, em 2011, no contexto da crise humanitária no Chifre da África. O Governo brasileiro está organizando, com o apoio do Programa Mundial de Alimentos (PMA), o envio de mais de 70 mil toneladas de alimentos disponibilizados pela Companhia Nacional de Abastecimento (CONAB), ao Quênia, à Etiópia e à Somália. A cooperação brasileira procura estimular o desenvolvimento de capacidades, valorizando a cultura local e buscando a sustentabilidade socioambiental. Mais que impor um modelo, buscamos trocar experiências e prover condições para que as iniciativas locais adquiram sustentabilidade. Os alimentos só são enviados quando não há possibilidade de rápida produção local. Em seguida, inicia-se o processo de recuperação agrícola, visando à soberania alimentar do país.

Hoje, cerca de 51% da população na áfrica subsaariana vive abaixo da linha de pobreza, ou seja, com menos de 1,25 dólares ao dia, e mais de 200 milhões de pessoas passam fome. O caminho para o desenvolvimento passa pelo empoderamento dessas comunidades, em especial de mulheres e crianças, proporcionando o acesso a direitos fundamentais, como à alimentação, à água, à terra, à saúde e ao trabalho. O processo de colonização e descolonização do continente africano impôs uma estrutura de organização política e social incompatível com os padrões culturais de muitos povos, o que se reflete nos conflitos políticos observados hoje no continente, os quais impõem desafios à construção de arcabouço político-jurídico dos Estados, principalmente na área de proteção social. Além da frágil estrutura estatal, que afeta diretamente a qualidade das políticas públicas, a situação de pobreza é agravada pela alta vulnerabilidade social a desastres socioambientais. É preciso gerar condições que fortaleçam a resiliência local, reduzam riscos e promovam o desenvolvimento humano. E a comunidade internacional tem papel fundamental nesse processo.

RECRIE: Em relação aos cursos de Relações Internacionais, o que você considera como elementos fundamentais para uma boa formação acadêmica, e quais são as perspectivas profissionais dos formandos nessa área no Brasil atual? A crescente projeção do Brasil na política internacional criou, na sua avaliação, um espaço mais amplo para profissionais da área de Relações Internacionais?

MRF: Sem dúvida. A maior visibilidade da política externa brasileira nos últimos oito anos gerou mais expectativas profissionais de atuação nessa área. Reflexo disso é aumento do número de candidatos ao concurso do Instituto Rio Branco para ingresso na carreira diplomática, o que também tem sido acompanhado pela abertura de mais embaixadas no exterior. A diversificação da agenda internacional na década de 90 a favor de temas mais sociais, como o combate à pobreza, mudanças climáticas, migrações internacionais, comércio internacional e direitos humanos, criou novos espaços de atuação profissional, processo impulsionado também pelo surgimento de novos atores internacionais, como as organizações de sociedade civil e as Nações Unidas. Como resultado, aumentou a demanda por profissionais de relações internacionais por parte de governos, organismos internacionais, organizações de sociedade civil e iniciativa privada.

Acredito que o diferencial do profissional de relações internacionais está justamente na sua capacidade de compreensão ampla dos fenômenos, considerando fatores de influência que passam pela economia, direito, sociologia e política. E a complexidade dos eventos internacionais contemporâneos exige uma análise holística de suas causas e conseqüências. A inserção do Brasil nesse novo contexto deve estar acompanhada igualmente da qualificação de seus profissionais de relações internacionais. É importante integrar as ferramentas teóricas às análises práticas de forma multidisciplinar, aproximando o aluno da realidade a ser estudada. Além do conhecimento de línguas estrangeiras, que é essencial para a comunicação, é fundamental que o aluno de graduação realize estágios, intercâmbios, simulações, participe de conferências, investindo seu tempo em atividades extracurriculares, mas principalmente conhecendo o Brasil.

Há boas perspectivas profissionais para os brasileiros, principalmente com a estruturação das assessorias internacionais de instituições públicas, não só no nível federal, mas também nos níveis estadual e municipal. O crescimento das ações de cooperação internacional também abre maior espaço para atuação nessa área, que estimula inclusive a abertura de escritórios de organismos internacionais no Brasil, nos próximos anos.

Normas para Publicação

1. A RECRIE aceita para publicação textos científicos e artigos de relevância cultural sobre temas pertinentes às áreas de Economia e Relações Internacionais, dentro das seguintes linhas de pesquisa: Política Econômica; Economia Política; Economia Política Internacional; Teoria Econômica; Métodos e Técnicas de Pesquisa em Economia; Economia do Meio Ambiente; Economia Internacional; Finanças; Desenvolvimento Regional; História da Economia; Processos de Integração Regional na América Latina; Organismos Internacionais; Política Externa Brasileira; Conflitos Internacionais no Mundo Contemporâneo; Os Governos Subnacionais e as Relações Internacionais; Meio Ambiente e as Relações Internacionais.

2. Os textos serão publicados em português.

3. Os textos publicados são de inteira responsabilidade de seus autores.

4. Os textos devem ser encaminhados, em versão eletrônica, pessoalmente, via internet ou via postal. Não será necessário o envio de cópias impressas. No entanto, é obrigatório o envio, pessoalmente ou por via postal, do ofício (formulário de encaminhamento de trabalhos para publicação), devidamente preenchido e assinado pelo(s) autor(es), solicitando a apreciação do manuscrito, com a autorização para sua publicação, e a indicação da categoria do artigo de acordo com as normas da RECRIE. A notificação do recebimento do texto será encaminhada ao autor por e-mail.

5. Os textos serão classificados nas seguintes seções:

5.1 Artigos: relatos inéditos, completos, de estudos ou pesquisas concluídas. Os artigos devem apresentar, preferencialmente: introdução; métodos; resultados e discussão. Outros formatos poderão, eventualmente, serem aceitos. A Introdução deve reservar espaço para a definição do problema estudado, sintetizando sua importância e destacando as lacunas dos conhecimentos abordados no artigo. Os Métodos utilizados, a população estudada, a fonte dos dados e os critérios de seleção, dentre outros aspectos, devem ser descritos de forma resumida, mas com clareza. Os Resultados devem ser descritos de forma compreensiva, afastando-se o máximo possível de interpretações e comparações. A Discussão deve apostar na interlocução, comparar o estudo com outros dentro da literatura acadêmica existente, apresentar suas limitações e interpretações dos autores, além de indicar as conclusões e os possíveis caminhos para novas pesquisas. O texto deve conter 10 laudas.

5.2 Revisões: avaliação crítica da literatura acadêmica sobre determinado assunto. Deve descrever a delimitação do tema, os procedimentos adotados e apresentar as conclusões de forma clara e objetiva. Deve conter entre 2.000 e 4.000 palavras.

5.3 Debates: relatos de discussões sobre o assunto, questão ou problema apresentado. A estrutura textual é livre, com extensão máxima de até 1.600 palavras.

5.4 Comunicações: relatos sucintos sobre temas da atualidade, trabalhos de pesquisa ou projetos, em andamento ou recém-concluídos. A estrutura textual é livre e com extensão de até 1.600 palavras.

5.5 Relatos de experiências: descrição de experiência que envolva uma intervenção pontual, cuja divulgação possa contribuir para a solução de problemas técnicos do setor. A estrutura textual é livre e com extensão de até 1.600 palavras.

5.6 Depoimentos: relatos de depoimentos e/ou entrevistas. A estrutura textual é livre e com extensão de até 1.600 palavras.

5.7 Resenhas: análise crítica de livros, periódicos, monografias. A estrutura textual é livre e com extensão de até 600 palavras.

6. Procedimentos para a apresentação de trabalhos

6.1 Formatação: o texto deve ser produzido em editor de texto Word, Arial, tamanho 12, entrelinha simples, sem fonte ou atributos diferentes para títulos e seções.

6.2 Utilizar negrito e maiúsculas para o título principal, e negrito e maiúscula e minúscula nos subtítulos e seções.

7. Seleção dos artigos para publicação

7.1 Critérios: os textos enviados para publicação na RECRIE serão encaminhados a dois assessores *ad hoc* para avaliação. Em caso de pareceres discordantes, o trabalho será encaminhado a um terceiro assessor. O parecer poderá ser favorável à publicação, favorável à publicação com as correções sugeridas ou desfavorável à publicação. Os trabalhos serão avaliados sob os seguintes parâmetros: originalidade, relevância científica, coerência, clareza, qualidade gráfica das ilustrações, de acordo com a ficha de avaliação de artigo.

7.2 Confidencialidade: o parecer do assessor é estritamente confidencial. Os textos são encaminhados aos assessores *ad hoc* sem menção da autoria assim como as cópias dos pareceres, encaminhadas aos autores.

7.3 Para a publicação, o(os) autor(es) deverão encaminhar, ao Editor da RECRIE, via recrie@fsa.br ou via correio, endereço Av. Príncipe de Gales, 821, Bairro Príncipe de Gales, Santo André - São Paulo - CEP 09060-650 (Setor PROPEX), devidamente preenchido e assinado, o Termo de Cessão dos Direitos Autorais do Centro Universitário Fundação Santo André (encontrados em www.fsa.br). Os textos para apreciação poderão ser enviados para o endereço eletrônico: recrie@fsa.br

Porto de Idéias
EDITORA

www.portodeideias.com.br